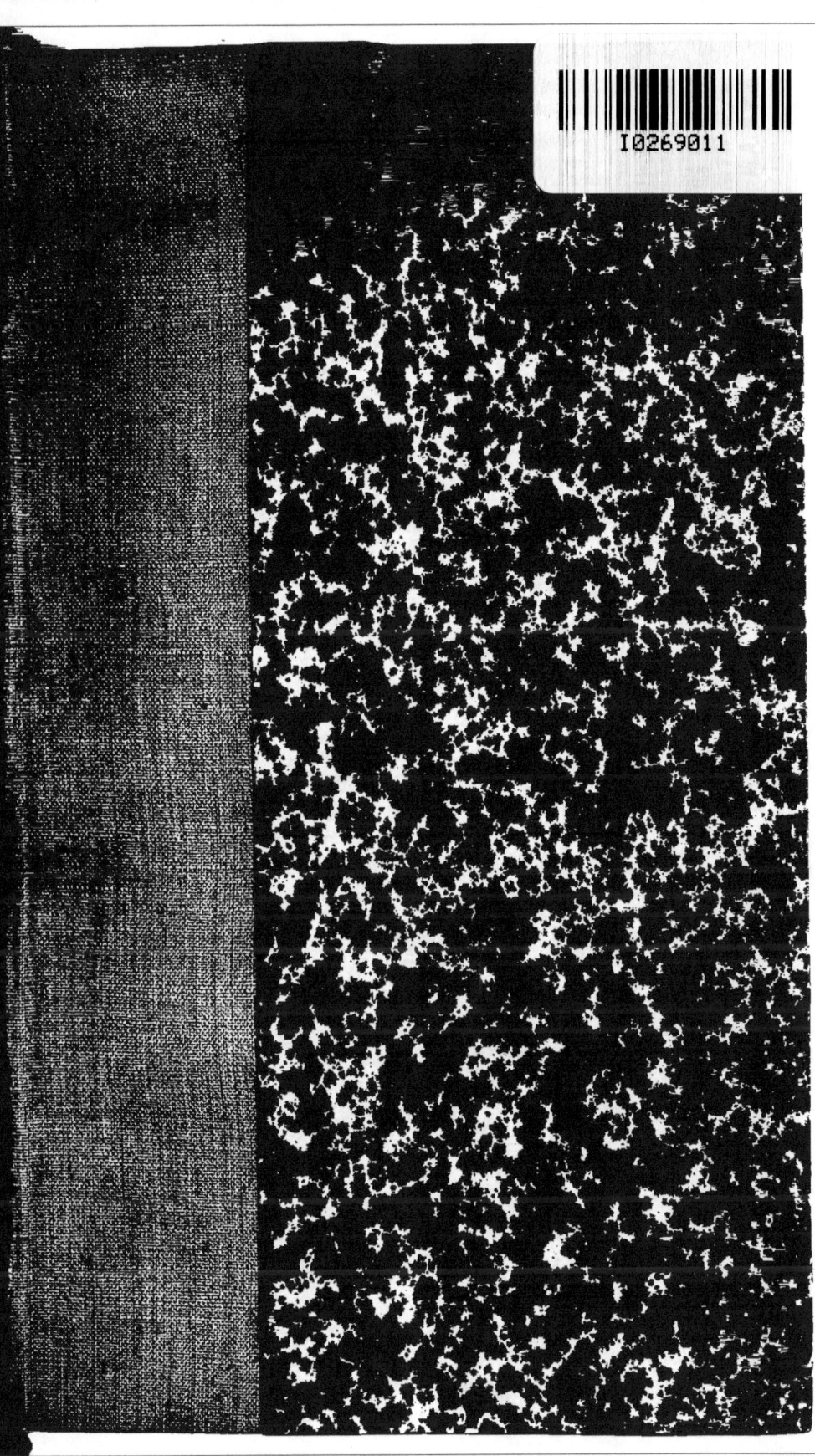

HISTOIRE DE BAYART.

Ayant fait examiner un manuscrit contenant l'histoire de Pierre Terrail, Seigneur de Bayart, par M. G. D., d'après l'ouvrage plus volumineux de M. de Terrebasse, et ayant reçu l'attestation que ce manuscrit, outre qu'il ne s'y trouve rien qui puisse blesser la foi ou les mœurs, se recommande en outre par la forme comme par le fond, nous en permettons l'impression.

Liége, le 2 Mars 1860.

H. J. JACQUEMOTTE
Vic.-Gén.

Puis le bon Chevalier s'accula à la barriers du pont, et à grands coups d'épée se défendit vigoureusement......

HISTOIRE

DE

PIERRE TERRAIL

SEIGNEUR

DE BAYART,

DIT LE BON CHEVALIER SANS PEUR ET SANS REPROCHE,

Par G. D.

LIÉGE,

H. DESSAIN, IMPRIMEUR-LIBRAIRE,

RUE TRAPPÉ.

1860.

PRÉFACE.

Les biographies ont, sur l'histoire générale, ce double avantage qu'elles intéressent plus vivement le lecteur par la manière dramatique et saisissante dont elles présentent les faits, et qu'elles l'initient davantage à la connaissance des hommes et des choses. Cet attrait particulier aux *vies des grands hommes* les fait surtout rechercher et lire par la jeunesse, dont l'esprit ne peut guère s'accommoder d'abstractions et de généralités. Douée d'une intelligence neuve encore et peu exercée, d'une imagination amie de la couleur locale, d'une mémoire impressionnable et avide des détails, elle ne peut s'intéresser à la lecture d'un livre où l'histoire lui apparaît sous la forme aride d'un abrégé, d'un sommaire, d'un résumé sans mouvement et sans vie. D'autre part les biographies offrent un caractère plus saillant de vérité individuelle et en quelque sorte personnelle, et font mieux ressortir ces détails intimes que l'histoire générale doit négliger, faute d'espace, mais qui n'en sont pas moins indispensables pour la connaissance approfondie des hommes, de leurs caractères, de leurs passions, de l'influence bonne ou mauvaise qu'ils ont exercée au sein de la société. C'est des biographies surtout qu'on peut dire qu'elles *instruisent en amusant*, et remplissent ainsi la double condition qu'exige de toute œuvre littéraire le poète latin :

Omne tulit punctum qui miscuit utile dulci.

De là l'estime et la juste popularité qui ont entouré de tout temps les *Vies des grands capitaines de l'antiquité*, de Cornelius Nepos, et surtout les *Vies des hommes illustres* de Plutarque. De là encore le charme puissant que les âmes pieuses savent trouver dans la Vie de Jésus-Christ, de la sainte Vierge, et des Saints dont les miracles et les vertus ont illustré l'histoire de l'Eglise.

Il suit de là que les biographies des grands hommes

qui se sont acquis, par une noble et glorieuse vie des titres durables à la reconnaissance et à l'admiration de la postérité doivent être mises au rang des bons livres destinés à former l'esprit et le cœur de la jeunesse studieuse.

C'est cette considération, dont personne, croyons-nous, ne contestera la justesse, qui nous a déterminé à publier la *Vie du chevalier de Bayart*. L'intérêt de cette vie si attachante par elle-même, si riche de détails, si digne en un mot d'être écrite par un Plutarque chrétien, s'accroît encore de toute l'importance que l'histoire accorde aux règnes de Charles VIII, de Louis XII, et surtout de François Ier.

Mais il n'est nul besoin de recommander longuement une biographie dont le héros est Bayart, c'est-à-dire *le chevalier sans peur et sans reproche*, qui eut le rare courage de conformer tous les actes de sa vie à cette maxime devenue célèbre : « *Fais ce que dois, advienne que pourra* » maxime qui, pour le dire en passant, résume admirablement la philosophie pratique du christianisme.

Dans le travail que nous livrons aujourd'hui à l'impression, nous avons pris constamment pour guide *l'Histoire du chevalier Bayart* par Mr de Terrebasse. Ce livre est le meilleur, le plus intéressant et le plus complet de tous ceux qui ont paru pour honorer la mémoire de l'immortel chevalier. Notre but, en abrégeant cet excellent ouvrage, a été de le mettre à la portée de la jeunesse chrétienne de nos écoles, de le populariser en Belgique, et de contribuer quelque peu au bien qu'il est destiné à faire aux jeunes amis des bonnes lettres.

HISTOIRE

DE

PIERRE-TERRAIL,

SEIGNEUR

DE BAYART.

CHAPITRE I.

Naissance et éducation de Bayart. — Il entre en qualité de Page à la Cour de Savoie.

1473 — 1487.

Pierre Terrail, seigneur de Bayart, naquit vers l'an 1473 dans le château de ce nom, situé à l'extrémité de la vallée de Graisivaudan, à six lieues de Grenoble. Il était le fils aîné d'Aymon Terrail et d'Hélène des Alleman-Laval. Sa famille s'était, lors de la dissolution du second royaume de Bourgogne, établie dans cette partie du Haut-Dauphiné, frontière de la Savoie, où jamais gentilhomme ne quittait le casque ni le haubert. Elle exista longtemps plus riche d'honneur que de biens dans la paroisse de Grénion, et les chartes contemporaines rappellent à côté des noms les plus anciens de la province plusieurs nobles Terrail, châtelains et lieutenants-châtelains des châteaux delphinaux d'Avalon et de la Bussière. Ils acquirent successivement diverses portions de terres dans les alentours d'une éminence appelée Bayart, sur les frontières de Savoie, où Pierre Terrail, premier du nom, fit construire une tour carrée l'an 1404. Pierre Terrail, II° du nom, accrut son héritage de plusieurs acquisitions, et le premier il porta ce nom que son petit-fils devait rendre immortel. Alliée aux plus illustres maisons du Dauphiné, la famille Terrail avait elle-même produit des guerriers distingués qui, de génération en génération, avaient presque tous péri sur le champ de bataille au service des dauphins, et plus tard des rois de France. Le héros dont nous écrivons l'histoire suivit glorieusement la trace que lui avaient frayée ses aïeux, et leur rendit au-delà de ce qu'il en avait reçu. Son éducation ne fut pas aussi négligée que l'usage du temps pourrait le faire croire ; envoyé de bonne heure aux écoles de Grenoble sous la surveillance de son oncle, Laurent des Alleman, évêque de cette ville, il y resta jusqu'à l'âge de douze ans. Le voisinage de l'Italie avait conservé en Dauphiné quelques vestiges d'instruction, et Bayart, chose remarquable à cette époque pour un gentilhomme de province, aimait la lecture, et signait fort lisiblement son nom. Lorsqu'il fut rappelé au château paternel, les exercices violents dont il faisait ses plaisirs, ne tardèrent pas à découvrir ses inclinations belliqueuses. Monter à cheval sans selle ni étriers, poursuivre les bêtes sauvages sur les rochers escarpés du Graisivaudan, furent les amusements et les jeux de son enfance. Le soir, au lieu d'écouter les pieuses légendes que sa mère lisait à la famille assemblée, il accablait son père de questions sur les anciens chevaliers, la guerre et les armes.

Les récits qu'il en obtenait aisément pouvaient seuls captiver son attention et sa vivacité. Assis selon l'antique simplicité, dans un large fauteuil, sous le manteau de l'immense cheminée que l'on voit encore dans la salle du château, le bon vieillard se complaisait en la curiosité de son fils. Il lui dépeignait les plus célèbres combats du temps passé ; il lui faisait voir dans la plaine les nombreux guerriers aux armes étincelantes s'élançant à la voix de leur chef, les bannières flottantes, les épées brillant et frappant ; il lui faisait entendre le son du clairon, les bruits de la mêlée, les cris de la victoire et les soupirs étouffés des mourants et des blessés. Il aimait à lui rappeler comment ses aïeux Aubert, Robert, Philippe, Pierre et Jean étaient tous morts sur le champ d'honneur et n'avaient jamais tourné le dos à l'ennemi. Mais par dessus tout, c'étaient les prouesses de son père qu'Aymon ne se lassait de raconter et son fils d'écouter. « Digne compagnon de Dunois et de Xaintrailles, lui disait le vieillard rajeuni par ses souvenirs, ton aïeul mérita le surnom glorieux de l'Epée Terraille dans les sanglantes campagnes de Charles VII, qui délivrèrent la France du joug de l'étranger. A la bataille d'Anthon, après avoir rompu les rangs des Savoyards et des Bourguignons, il poursuivit avec tant d'acharnement le prince d'Orange, qu'il le força de se précipiter dans le Rhône, à cheval, armé de toutes pièces, et de le traverser au péril de ses jours. Louis XI, parvenu au trône, l'employa avec distinction dans les guerres que ses vassaux rebelles lui faisaient sous le beau nom de ligue du Bien-Public. Il justifia sa confiance en mourant à ses côtés à la journée de Montlhéry, *où tout ce qu'il y eût de glorieux vint de l'arrière-ban du Dauphiné.* Ce fut aussi une terrible journée que celle de Guinegâte, mon fils, lui disait Aymon, en essayant de soulever son bras mutilé ! mais si jamais tu te trouvais en pareille rencontre, souviens-toi de ne point forligner, et d'avoir meilleur soin de ton honneur que de ta vie. »

Bayart entrait dans sa quatorzième année, lorsque son père, que ses blessures et sa vieillesse avertissaient de sa fin prochaine, fit venir devant lui ses quatre fils, en présence de leur mère, pour savoir quel état chacun d'eux voulait embrasser. Notre Pierre, l'aîné, « d'un visage riant et éveillé » répondit comme s'il eût eu cinquante ans : « Monseigneur mon père, bien que par amour filial je voulusse rester ici pour vous servir dans votre vieillesse, ce néanmoins ayant enraciné dans mon cœur les bons propos que chaque jour vous me récitez des nobles hommes du temps passé, mêmement de ceux de notre maison, je serai, s'il vous plaît, de l'état dont vous et vos prédécesseurs ont été, et j'espère, Dieu aidant, ne point vous y faire déshonneur. Mon enfant, lui répondit Aymon les larmes aux yeux, Dieu t'en donne la grâce ; tu ressembles trop de visage et de corps à ton grand-père, qui fut en son temps un des chevaliers accomplis de la chrétienté, pour que je me refuse à tes nobles souhaits. »

Georges, le second, dit qu'il voulait demeurer à la maison paternelle, et soigner ses parents dans leurs vieux jours. « Eh bien ! soit, répondit le père en souriant ; toi, tu feras la guerre aux ours. » Ses inclinations tranquilles ne changèrent point, et il ne reparaîtra dans l'histoire de son frère que pour recueillir son héritage. Philippe et Jacques, les deux puînés, déclarèrent qu'ils voulaient embrasser l'état de leur oncle, l'évêque de Grenoble.

Le vieillard, à qui son âge et ses infirmités ne permettaient plus de quitter la maison, envoya le lendemain un de ses serviteurs prier son beau frère,

Laurent des Alleman, de venir le voir, pour quelques affaires qu'il avait à lui communiquer. Le prélat qui aimait tendrement sa famille, se rendit sur-le-champ à cette invitation. Il trouva à son arrivée au château plusieurs gentilshommes, parents et voisins, qu'Aymon avait réunis dans un même dessein, et ils passèrent gaiement la soirée, à deviser ensemble de choses et d'autres. Le jour suivant, l'évêque, selon un devoir dont il ne se dispensait jamais, leur dit la messe qui ne précéda que de peu d'instants l'heure du dîner.

Bayart remplissait, comme de coutume, les fonctions de page, et servait à table avec une grâce et une modestie qui lui attirèrent les louanges de toute la compagnie. Le repas terminé et les grâces dites, Aymon exposa en peu de mots à ses hôtes le motif pour lequel il les avait rassemblés ; le pressant désir que sa vieillesse et ses infirmités lui donnaient de placer ses quatre fils avant sa mort, et le parti que chacun d'eux avait témoigné vouloir prendre. « Le choix de Pierre, mon fils aîné, ajouta-t-il, m'a surtout comblé de joie ; et s'il ressemble par ses actions autant que par ses traits à feu mon père, dont il est la vivante image, impossible qu'il ne fasse honneur à la famille. Il me faut donc le placer en la maison de quelque prince ou seigneur, où il puisse faire le meilleur apprentissage des vertus et des armes ; or, con--

seillez-moi, comme parents et amis, le choix que je dois faire. » Chacun donna son avis, l'un qu'il fallait l'envoyer à la Cour de France, l'autre le mettre en la maison de Bourbon. « Mon frère, dit l'évêque de Grenoble prenant la parole, vous connaissez l'amitié dont nous honore le duc Charles de Savoie, je pense que s'il veut le recevoir au nombre de ses pages, nulle part votre fils ne sera à meilleure école. Ce prince est en ce moment à Chambéry, et si vous êtes de cet avis, j'irai le lui présenter pas plus tard que demain. » La proposition de l'évêque réunit tous les suffrages, et le père lui remit sur le champ son fils, en disant : « Le voici, Monseigneur, je prie Dieu que si bien vous le placiez qu'il vous fasse honneur en sa vie. Je me charge d'équiper mon neveu, reprit le bon évêque, et de lui donner un petit cheval que m'a depuis peu cédé mon cousin d'Uriage, et qui semble fait exprès pour sa taille. » Puis il envoya chercher à la ville un tailleur avec velours, satins, rubans, et tout ce qu'il fallait pour compléter un élégant costume à cette époque.

Tout fut prêt le lendemain de bonne heure, et Bayart parut devant la compagnie réunie dans la cour du château, à cheval et tout équipé, comme s'il eût dû être à l'instant même présenté au duc de Savoie. Le cheval, sentant une charge plus légère que de coutume, et aussi les éperons dont l'enfant se plaisait à l'inquiéter, se mit à faire quelques sauts qui effrayèrent un moment le père du jeune cavalier. Mais celui-ci loin d'en être ému, redoubla les coups d'éperon, lança le cheval dans la cour, et le réduisit comme un écuyer consommé. Aymon, ravi de la hardiesse d'un enfant à peine sorti de l'école, lui demanda en souriant s'il n'avait point eu peur. Bayart lui répondit avec assurance qu'il espérait, avec l'aide de Dieu, manier un cheval avant qu'il fût six ans, en un lieu plus dangereux ; « car je suis ici parmi mes amis, et alors je pourrai me trouver au milieu des ennemis du prince que je servirai. »

Comme il était temps de partir, l'évêque dit à son neveu de faire ses adieux. Il embrassa son père, et, après lui avoir souhaité des jours heureux et assez longs pour qu'il pût apprendre de bonnes nouvelles de lui, il reçut sa bénédiction. Sa bonne mère pleurait à chaudes larmes ; elle tint quelques instants son fils serré contre son cœur puis elle lui renouvela les plus instantes recommandations d'aimer Dieu et de le prier, matin et soir, d'être serviable avec ses égaux, et charitable envers les pauvres. Alors elle lui donna « une petite boursette contenant six écus d'or et un en monnaie. » Elle remit ensuite à un des serviteurs de l'évêque, son frère, le petit bagage de son fils, et deux autres écus dont elle le pria de gratifier de sa part celui qui serait chargé de son enfant à la Cour de Savoie.

L'évêque prit la route de Chambéry, et son neveu le suivait gaiement sur son petit cheval, « pensant être en un paradis. » Ils arrivèrent sur le soir et allèrent loger chez un des principaux habitants de la ville. Le lendemain, l'évêque alla de bonne heure rendre ses devoirs au duc, qui le reçut avec de grands témoignages d'affection, s'entretint longtemps avec lui, et le retint à dîner. Durant le repas, le prince remarqua la jeunesse et la bonne tenue de Bayart, qui servait son oncle, et demanda à son hôte quel était son jeune page. « Monseigneur, c'est un homme d'armes que je viens vous offrir, et, sous votre bon plaisir, je vous le présenterai après dîner, tel que je veux vous le donner. — En vérité, reprit le duc, je serais bien difficile de refuser un semblable présent. » Bayart avait reçu les instructions de son oncle ; il ne s'amusa pas à dîner, courut s'équiper et faire seller son cheval.

Le duc, à peine sorti de table, était appuyé sur un balcon, causant familièrement avec son évêque, lorsqu'il vit entrer dans la cour du palais un jeune cavalier caracolant comme un écuyer vieilli dans le métier. « Si je ne me trompe, Monseigneur de Grenoble, c'est votre page qui manie ce cheval avec tant d'habileté. — Lui même, Monseigneur, c'est mon neveu ; il sort d'une race féconde en bons chevaliers ; son père, le seigneur de Bayart, que ses années et ses blessures privent de l'honneur de se présenter devant vous, se recommande très-humblement à votre bonne grâce, et me charge de vous l'offrir de sa part. — J'accepte de grand cœur, répondit le duc, un semblable présent; Dieu le fasse homme de bien. « Il fit appeler son écuyer de confiance et lui remit Bayart, en lui recommandant de soigner ses heureuses dispositions. Après avoir installé son neveu dans son nouvel emploi et fait ses remercîments au duc, le digne prélat ne tarda point à reprendre la route de son siége épiscopal.

L'usage de placer, en qualité de pages, les jeunes nobles destinés aux armes, chez les princes et les grands seigneurs, avait été établi pour les soustraire de bonne heure aux soins de leurs mères et aux habitudes trop efféminées de la maison paternelle. Il faut se reporter à l'époque où la force du corps était indispensable dans un guerrier, pour comprendre l'éducation toute particulière qu'exigeait l'usage de la lance, du bouclier, et de ces lourdes armures que nous ne voyons aujourd'hui qu'avec étonnement dans les musées et les arsenaux. Sous les yeux de guerriers consommés, et guidés par leurs leçons et par leurs exemples, les jeunes pages s'exerçaient entre eux à ces exercices durs et violents, si souvent énumérés dans nos vieilles chroniques, jusqu'au temps où les armes à feu les eurent fait peu à peu délaisser. Quelle que fût la naissance du jeune gentilhomme, il était soumis aux mêmes devoirs envers le seigneur qu'il servait, et auprès duquel il remplissait la plupart des fonctions domestiques. Il se formait ainsi plusieurs années à l'obéissance, avant de commander, et au difficile métier des armes, avant de paraître sur les champs de bataille.

Le jeune Bayart ne tarda pas à se distinguer entre tous ses compagnons par l'adresse et la vigueur qu'il déployait à la lutte, à sauter, lancer la barre ; et surtout il acquit à monter à cheval cette supériorité qui depuis le fit regarder comme « un des meilleurs chevaucheurs de son temps. » La douceur et l'amabilité de son caractère lui gagnèrent l'affection de toute la Cour, « des petits aux grands. » Le duc, qui l'aimait comme son propre fils, le conduisait partout avec lui, et partout, Bayart attirait les regards et l'attention des seigneurs et des nobles dames.

CHAPITRE II.

Bayart passe au service du roi de France. — Son premier tournoi. — Il joue un tour de page à son oncle, l'abbé d'Ainai.

1487 — 1491.

Environ six mois après, le duc de Savoie, désirant terminer à l'amiable d'anciens différends avec la cour de France, au sujet du marquisat de Saluces, partit de Chambéry pour aller rendre visite à Charles VIII, qui se trouvait alors à Lyon, « menant joyeuse vie » dans les bals et les fêtes. Ce monarque s'adonnait avec l'ardeur de son âge aux plaisirs et aux amusements à l'aide desquels sa sœur Madame de Beaujeu, digne fille de Louis XI, espérait prolonger sa régence.

Instruit de la prochaine arrivée du duc de Savoie, le roi envoya au devant de lui le comte de Ligny, plusieurs autres seigneurs de sa Cour et une compagnie des archers de sa garde, qui le rencontrèrent à deux lieues de Lyon.

Le duc fit le meilleur accueil au comte de Ligny, seigneur non moins distingué par ses qualités personnelles que par sa naissance, et ils continuèrent ensemble la route. L'œil exercé de cet habile capitaine eut bientôt remarqué le jeune Bayart parmi les gens de la suite du prince, et adressant la parole au duc, il lui dit que le roi serait heureux d'avoir un page de si bonne mine à son service. « Eh bien, dit le duc, il est à lui s'il le désire ; du reste le jeune homme ne trouvera nulle part une meilleure école qu'en la maison de France, de tout temps séjour d'honneur et de vaillance. »

Ils entrèrent en causant ainsi, dans la ville où tout le monde était aux fenêtres pour voir passer le duc et son brillant cortége. Il descendit à son hôtel, où soupèrent avec lui le comte de Ligny, le sire d'Avesne, frère du roi de Navarre et quelques autres seigneurs. Le jour suivant, le duc, s'étant levé de bonne heure, alla présenter ses devoirs au roi, qui déjà se disposait à entendre la messe. Charles le reçut comme un proche parent et un fidèle allié, l'embrassa, et après quelques compliments, les deux princes montèrent sur leurs mules pour se rendre à l'église. Durant le repas qui suivit la messe, la conversation roula, comme entre princes et seigneurs, sur la chasse, la fauconnerie, les tournois et les armes. « Sire, dit le comte de Ligny, Monseigneur le duc de Savoie, veut vous offrir le plus gentil page que j'aie vu de ma vie ; à peine âgé de quinze ans, il manie un cheval comme un vieux cavalier, et s'il vous plaît d'aller entendre vêpres à Ainai, vous aurez, je vous jure, plaisir à le voir. — Par la foi de mon corps, je le veux bien, « répondit le roi, et s'adressant au duc : » qui vous a donné, mon cousin, ce gentil page dont fait tant d'éloge notre cousin de Ligny? — « Sire, il est né votre sujet d'une noble famille de Dauphiné, vous jugerez vous même si Monseigneur de Ligny en a trop dit, en voyant manœuvrer le page et son cheval dans la prairie d'Ainai. »

Bayart, promptement informé du désir qu'avait témoigné le roi de le voir sur son cheval, en éprouva plus de joie « que si on lui eût donné la ville de Lyon. » Il courut donner cette bonne nouvelle au maître palefrenier du duc de Savoie, et n'oublia rien pour l'encourager à faire de son mieux préparer sa monture : Le premier écuyer du duc vint le chercher sur les trois heures, et le trouva prêt et costumé avec une élégance qui relevait sa bonne mine.

Ils attendaient depuis quelque temps dans la prairie d'Ainai l'arrivée du roi lorsqu'ils le virent avec sa suite descendant la Saône en bateau. — C'est lui, dit Bayart, dont le cœur battait très fort. — Charles avait à peine mis le pied à terre, que du plus loin qu'il aperçut Bayart : « Page, lui cria-t-il, mon ami, donnez de l'éperon. » Et celui-ci de lancer son cheval dans la prairie. Parvenu au bout de sa carrière, il le fit caracoler et bondir à plusieurs reprises, et repartant aussitôt à bride abattue, il s'arrêta tout court devant le roi en faisant piaffer son cheval. Le roi y prit tant de plaisir, qu'après avoir hautement témoigné sa satisfaction, il lui cria de nouveau:

« Piquez, piquez encore un coup. » — « Piquez, » répétèrent les pages de sa suite, et de là le surnom de *Piquet* qui resta longtemps à Bayart. « Vraiment, dit le roi au duc de Savoie, le cousin de Ligny ne nous avait rien exagéré. Je ne veux point attendre que vous me donniez ce page, et vous en fait moi-même la demande. — Monseigneur, répondit-il, le maître est à vous; le reste doit y être. Dieu veuille que par la suite il vous fasse bon service. — Par la foi de mon corps, dit le roi, impossible qu'il ne devienne homme de bien; cousin de Ligny, c'est à vous que je le confie. » Le comte s'empressa d'accepter, pressentant l'honneur qui pourrait un jour lui revenir de cet élève.

L'apprentissage d'un page durait ordinairement sept ans; mais les heureuses dispositions du jeune Bayart se développaient trop rapidement pour ne pas obtenir une honorable exception. La troisième année, le comte de Ligny le fit homme d'armes dans sa compagnie, en le conservant toutefois, à cause de l'amitié qu'il lui portait, au nombre des gentilshommes de sa maison. A peine âgé de dix-huit ans, Bayart venait d'être mis hors de page, lorsque Charles VIII se trouva une seconde fois à Lyon. Ce jeune monarque, récemment dégagé de la longue tutelle de sa sœur, se livrait aux idées belliqueuses que se plaisaient à exciter en lui ses nouveaux favoris. Ils multipliaient autour de lui les joûtes et les tournois, exaltaient son esprit par de fastueuses comparaisons, et le rapprochaient à dessein de l'Italie dont ils lui promettaient la conquête.

Durant le séjour du roi à Lyon, un gentilhomme de Franche-Comté, nommé messire Claude de Vaudrey, chevalier de réputation et d'humeur guerrière, lui demanda la permission d'ouvrir une passe d'armes pour occuper les loisirs de la jeune noblesse. L'ayant aisément obtenue de Charles, que charmaient tous ces jeux, images et préludes de la guerre, il dressa l'ordonnance de sa joûte, « tant à cheval qu'à pied, à coups de lance et de hache. » et fit appendre son écu dans le lieu le plus apparent de la ville. Tout gentilhomme désireux de se mesurer avec lui, devait y toucher, et se faire inscrire par le roi d'armes à qui la charge en était confiée.

Bayart vint à passer avec un de ses amis, et les regards attachés sur ces écussons: « Mon Dieu, se dit-il en lui même, si je savais comment faire pour figurer honorablement au tournoi, que volontiers j'y porterais la main! » et il s'arrêta absorbé dans ses réflexions. « Camarade, lui dit son compagnon nommé Bellabre, aussi de la maison du comte de Ligny, à quoi songez-vous donc, et qui peut vous troubler ainsi? — Jugez-en vous-même, reprit Bayart. Le nouveau grade auquel vient de m'élever la bonté de Monseigneur me donne une furieuse envie de toucher aux écus du sire de Vaudrey; mais où trouver ensuite équipement et chevaux ? — Quoi ! répliqua Bellabre, qui, un peu plus âgé, était d'un caractère tout résolu, n'est-ce que cela ? n'avez-vous pas ici votre oncle, ce gros abbé d'Ainai dont on dit la bourse bien garnie ? Je fais vœu d'aller le trouver, et, s'il ne veut financer de bonne grâce, d'emporter plutôt crosses et mîtres ; mais il ne sera pas nécessaire d'en venir à cette extrémité : soyez certain qu'en apprenant votre dessein, il s'exécutera sur-le-champ de grand cœur. » Il n'était pas besoin d'exciter Bayart, et aussitôt le voilà qui s'avance, et touche aux écus. Surpris de la hardiesse d'un si jeune homme, le roi d'armes, Montjoie ne put s'empêcher de lui dire : « Comment, Piquet, mon ami, vous n'aurez barbe de trois ans, et vous prétendez joûter contre messire de Vaudrey, un des plus rudes joûteurs que l'on connaisse ? — Montjoie, répondit Bayart, ce n'est ni par orgueil ni par outrecuidance, mais seulement par désir d'apprendre le métier des armes à aussi bonne école, et de faire avec l'aide de Dieu, quelque chose d'agréable aux dames. » Charmé de sa réponse à la fois hardie et modeste le roi d'armes l'inscrivit en souriant.

La nouvelle se répandit aussitôt dans Lyon que Piquet avait touché aux écus du sire de Vaudrey ; et le comte de Ligny, en l'apprenant, n'en eût pas voulu tenir dix mille carolus. Il courut la raconter au roi, qui n'en fut pas moins ravi. « Par la foi de mon corps, cousin de Ligny, j'ai idée que votre élève vous fera quelque jour honneur. — Nous verrons comment il s'en tirera, reprit le comte, il est encore bien jeune pour supporter la lance de messire Claude. »

Le plus difficile pour Bayart n'était pas d'avoir touché aux écussons, mais de trouver de l'argent pour s'équiper. Toutefois comme le lecteur va le voir, il parvint à se tirer d'embarras au moyen d'un stratagême fort plaisant, sans doute, mais que en notre qualité d'historien, nous ne pouvons nullement justifier au point de vue de la morale. « Mon cher Bellabre, dit-il à son camarade, il faut que vous arrangiez cette affaire avec l'abbé; si mon oncle de Grenoble était ici, je ne serais point en peine d'avoir de lui tout ce qu'il me faudrait, mais il est actuellement à son abbaye de Saint-Sernin à Toulouse, et il n'y a plus assez de temps pour recevoir réponse d'aussi loin. — Ne vous inquiétez nullement, dit Bellabre, demain nous irons parler à l'abbé et je me fais fort d'en tirer bon parti. » Ces paroles remirent un peu le cœur à Bayart, qui toutefois ne dormit guère de la nuit. Les deux amis couchaient ensemble; ils se levèrent de grand matin, prirent un de ces batelets qui stationnent le long des rives de la Saône, et se firent conduire à Ainai.

La première personne qu'ils rencontrèrent en débarquant dans la prairie, fut l'abbé lui-même qui disait son bréviaire avec un de ses religieux. Les deux amis le saluèrent respectueusement ; mais celui-ci déjà instruit de l'aventure de son neveu, se doutait de ce qui le menaçait, et il ne leur fit pas grand accueil. « Comment! petit garçon, dit-il à Bayart, il y a trois jours à peine que vous êtes sorti de page, et vous avez eu la témérité de toucher aux écus du sire de Vaudrey ! Je sais bien le châtiment que mériterait à votre âge un orgueil pareil. — Je vous jure, Monseigneur, reprit Bayart, que ce n'est point l'orgueil, mais le désir de suivre les honorables traces de vos ancêtres et des miens, qui m'a donné cette hardiesse. Je vous supplie donc, Monseigneur, n'ayant que vous de parent à qui je puisse avoir recours, de vouloir bien m'aider de quelque argent en cette circonstance. — Sur ma foi, reprit l'abbé, cherchez ailleurs quelqu'un qui vous en prête ; les biens de cette abbaye ont été destinés par ses pieux fondateurs au service de Dieu, et non à être dissipés en joûtes et en tournois. Alors Bellabre, prenant la parole, lui dit : « Monseigneur, ce sont les vertus et les prouesses de vos illustres aïeux qui vous ont fait abbé d'Ainai ; que le souvenir du passé vous engage à la reconnaissance envers ceux de votre lignage. Les bonnes grâces du roi et de notre maître, le comte de Ligny, peuvent mener loin votre neveu ; ils ont applaudi à sa généreuse ardeur, et les deux cents écus dont vous l'aiderez vous rapporteront de l'honneur pour plus de dix mille. »

L'abbé après s'être longtemps débattu, finit par consentir à faire quelque chose pour Bayart. Il rentra dans l'abbaye, escorté des deux amis, et ouvrant une petite armoire dans son cabinet, il tira d'une bourse cent écus qu'il remit à Bellabre, en lui disant : « Mon gentilhomme, voici cent écus que je vous confie pour acheter deux chevaux à ce vaillant gendarme, car il a la barbe encore trop jeune pour manier tant d'argent ; je vais écrire un mot à Laurencin pour qu'il lui fournisse les accoutrements qui lui seront nécessaires. — C'est très bien agir, Monseigneur, répondit Bellabre, en prenant l'argent, un si noble procédé vous fera le plus grand honneur à la Cour. L'abbé écrivit sur-le-champ à son marchand attitré de donner à son neveu ce qui lui serait nécessaire pour s'accoutrer au tournoi, bien persuadé qu'il ne lui en coûterait pas plus d'une centaine de francs.

Nantis de son argent et de sa lettre, les deux jeunes gens prirent congé de l'abbé, après l'avoir humblement remercié de sa générosité, et remontèrent dans leur bateau tout joyeux du succès de leur voyage. « Savez-vous, se prit à dire Bellabre, que quand Dieu nous envoie une bonne fortune, c'est pécher que de ne pas en profiter ? Nous avons un billet pour prendre tout ce qui nous est nécessaire ; hâtons-nous d'arriver chez Laurencin avant que notre abbé ait eu le temps de réfléchir à ce qu'il a écrit ; car il n'a point limité notre crédit, et il faut que vous soyez habillé et pour le tournoi et pour le reste de l'année; aussi bien n'en aurez-vous autre chose de votre vie. — Je l'entends bien ainsi, répondit Bayart en riant, mais dépêchons-nous ; car si l'abbé vient à s'apercevoir de son imprudence, il enverra aussitôt chez le marchand fixer la somme qu'il compte débourser. » Nous allons voir, qu'ils avaient raison de prendre leurs précautions.

Ils pressèrent leur batelier, et ne firent qu'un saut du bateau dans la boutique de Laurencin. Après lui avoir rendu son salut, Bellabre entama tout de suite l'affaire importante : Maître Laurencin, mon camarade et moi venons chez vous de la part d'un digne abbé Mgr d'Ainai. — Il est vrai, répondit le marchand, c'est bien le plus honnête homme que je connaisse, une de mes meilleures pratiques. Je lui ai bien fait en ma vie pour plus de vingt mille francs de fournitures, et n'ai jamais trouvé un homme plus rond en affaires..... » Bellabre, qui n'était point là pour écouter le panégyrique de l'abbé, se hâta de l'interrompre : « Mais vous ne savez pas encore son dernier trait de générosité, poursuivit-il. Apprenant que son neveu, mon camarade que voici, avait touché aux écus du sire de Vaudrey pour soutenir la gloire de la famille, et connaissant l'amitié qui nous unit, il nous a envoyé chercher tous deux de grand matin, et après avoir prodigué louanges sur louanges à l'action héroïque de son neveu, il nous a fait faire un excellent déjeûner. Ce n'est pas tout; il lui a donné trois cents beaux écus, que voici dans cette bourse, pour acheter des chevaux, et jaloux que personne ne parût avec plus d'éclat au tournoi, il nous a remis cette lettre à votre adresse pour que vous fournissiez à ce jeune homme tout ce qui lui sera nécessaire. » Laurencin ayant reconnu la signature de l'abbé, leur répondit « que tout dans sa boutique était à leur disposition, comme à celle de Monseigneur; qu'ils n'avaient qu'à choisir; » et il fit déployer sur-le-champ devant eux draps d'or et d'argent, satins brochés, velours et soieries, ce qu'il avait de plus beau dans son magasin. Ils en prirent pour la valeur de sept à huit cents francs, qu'ils firent en diligence porter à leur logis, et mettre entre les mains du tailleur.

Revenons un instant à notre abbé, qui, enchanté de s'être débarrassé de son neveu à si bon marché, commanda à servir le dîner. Il avait, ce jour-là, nombreuse compagnie, prieures et moines de tout ordre, auxquels il n'oublia pas, pendant le repas, de raconter son aventure. « J'ai eu ce matin une terrible étrenne; n'a-t-il pas pris fantaisie à mon neveu, ce petit étourdi de Bayart, d'aller toucher aux écus du sire de Vaudrey, et ne m'a-t-il pas fallu lui bailler de l'argent pour s'équiper? J'en ai été pour cent beaux écus, et encore n'est-ce pas tout; j'ai écrit à Laurencin de lui donner ce qu'il demandera pour s'accoutrer à ce maudit tournoi. — C'est bien à vous, Monseigneur, d'encourager un jeune homme de si belle espérance; mais permettez-moi une observation : vous avez écrit à Laurencin, dites-vous, de donner à votre neveu tout ce qu'il lui demandera, et je suis sûr qu'il le fera, quand bien même il lui en demanderait pour deux mille écus. — Par saint Jacques! mon sacristain a raison, s'écria l'abbé, après avoir un peu réfléchi; en effet, je n'ai point limité mon ordre. Qu'on appelle mon maître d'hôtel! Nicolas, courez chez Laurencin, et dites-lui que je lui ai écrit ce matin de donner quelques étoffes à mon neveu Bayart, pour le tournoi de messire de Vaudrey, mais qu'il ne dépasse pas dans tous les cas cent ou six vingts francs au plus; allez, et revenez promptement. » Le maître d'hôtel fit grande diligence, mais il était parti trop tard! Il trouva le marchand à table, et à peine eût-il prononcé le nom de Bayart, que Laurencin, l'interrompant, l'assura qu'il avait fait honneur à la signature de Mgr d'Ainai, et fourni à son neveu fort honnête gentilhomme, des étoffes d'un goût, d'une qualité..... « Et pour combien lui en avez-vous livré? — Je ne puis, sans voir mon livre et son reçu au dos de la lettre de Monseigneur, vous le dire au juste, mais cela ne doit pas s'élever à plus de sept à huit cents francs. — Ah! par notre Dame, vous avez tout gâté. —Pourquoi ça? dit Laurencin. — Parce que Monseigneur m'envoyait vous prévenir de ne lui en donner que pour cent ou six vingts francs au plus. — Sa lettre ne disait point cela, et s'il m'en eût demandé pour davantage, je le lui eusse de même donné. — A chose faite point de remède, » répondit le maître d'hôtel, en se hâtant de retourner à l'abbaye. « Eh bien! Nicolas, lui cria l'abbé du plus loin qu'il l'aperçut, avez-vous parlé à Laurencin? — Oui, Monseigneur, mais il était trop tard, votre neveu avait déjà *fait sa foire*, et pris pour huit cents francs. — Pour huit cents francs! Sainte Marie! s'écria l'abbé hors de lui, voilà un méchant garçon! courez à son logis, et dites-lui bien que s'il ne fait vitement reporter chez Laurencin ce qu'il a pris de trop, de ses jours il n'aura denier de moi. »

Le maître d'hôtel revint à Lyon, comptant trouver son homme au logis; mais celui-ci, qui s'était bien douté de l'enclouûre, avait donné le mot à ses gens pour éconduire poliment tous ceux qui viendraient de la part de l'abbé. On l'envoya chez le comte de Ligny; n'y trouvant point Bayart, comme de raison, il retourna sur ses pas; cette fois on lui dit qu'il venait d'aller essayer des chevaux de l'autre côté du Rhône: bref, on le fit promener inutilement toute la journée. S'apercevant qu'on se moquait de lui, maître Nicolas revint bien fatigué dire à l'abbé, que « c'était temps perdu de courir après son neveu, et qu'il était allé dix fois chez lui sans pouvoir le rencontrer. » — Je jure, dit l'abbé, que le garnement s'en repentira. » Laissons-le se consoler, et retournons à son neveu, auquel il n'arriva d'autre mal que d'avoir de l'argent et trois costumes complets pour lui et Bellabre. Tout était commun entre eux, et Bayart voulait qu'ils parussent tous les deux au tournoi dans le même équipage. Quant à leurs chevaux, ayant appris qu'un gentilhomme piémontais, logé à la Grenette en avait deux beaux et bons dont il voulait se défaire, ils allèrent le trouver, essayèrent ses chevaux dans la plaine de Guillotière et conclurent le marché pour cent dix écus.

Il n'y avait plus que trois jours avant le tournoi, et dans toute la ville de Lyon on ne songeait qu'aux préparatifs de cette fête. Les gens du sire de Vaudrey dressaient des barrières ; les chevaliers couraient chez les marchands, apprêtaient leurs costumes et leurs armes ; c'était à qui paraîtrait avec éclat dans cette joûte, que la présence du monarque rendait encore plus solennelle.

Selon le ban qui avait été publié au nom du roi par le sire de Vaudrey, le tournoi s'ouvrit un lundi du mois de juillet de l'an 1491. Le tenant parut le premier dans la lice, et contre lui s'exercèrent le sénéchal Galliot de Genouillac, Bonneval, Châtillon, Bourdillon, Sandricourt, jeunes et belliqueux favoris de Charles. Tous redoublaient d'efforts pour ne pas laisser sous les yeux du roi triompher un chevalier étranger.

Bayart, à peine âgé de dix-huit ans, et dont la taille ni les formes n'étaient point encore parvenues à leur développement, parut à son tour sur les rangs. Il avait, pour son coup d'essai, affaire à une des meilleures lances de l'époque ; mais, soit un heureux hasard, soit courtoisie du sire de Vaudrey, il fournit sa carrière à pied et à cheval, aussi bien que nul d'entre les combattants. Selon l'ordonnance du tournoi, chacun après sa joûte, devait faire le tour de la lice, à visage découvert, pour que l'on reconnût celui qui avait *bien ou mal fait*. Lorsque Bayart passa devant les dames, étonnées de sa jeunesse et de son extérieur peu viril, elles s'écrièrent en leur patois lyonnais : *Vey vo cestou malotru, il a mieulx fay que tous los autres.*

Le suffrage du roi vint compléter celui des dames. « Par la foi de mon corps ! dit-il à son souper au comte de Ligny, *Piquet* a un début qui donne bonne espérance ; mon cousin, je ne vous fis de la vie si bon présent. — Sire, répondit le comte, vous avez plus contribué que moi à des succès dûs à vos encouragements. Dieu veuille qu'il ne s'arrête pas en si beau commencement, mais une chose m'inquiète, c'est de savoir la part que prendra Mons. d'Ainai aux prospérités de son neveu. » Le roi se mit à rire, ainsi que toute la Cour, qui s'était déjà divertie aux dépens de l'abbé. Théodore Terrail vécut assez longtemps pour voir Bayart dans tout l'éclat de sa réputation ;

mais l'histoire ne dit pas s'il lui pardonna son tour de page.

CHAPITRE III.

Bayart va rejoindre sa compagnie en garnison. — Il donne un tournoi aux dames de la ville d'Aire, fait la campagne de Naples et se distingue à la journée de Tornoue. — Mort de Charles VIII.

1491 — 1498.

Quelques jours après le tournoi, le comte de Ligny fit venir chez lui Bayart, le félicita de ses heureux débuts et lui dit qu'il était temps d'aller rejoindre ses compagnons à la garnison. Vous comblez mes désirs, lui dit le jeune homme, et je vous remercie de cette nouvelle faveur. Me permettez-vous, Monseigneur, de partir demain — « Volontiers, répondit le comte de Ligny, mais il faut auparavant que vous preniez congé du roi, et je vais vous conduire à son hôtel. — Sire, dit le comte, en lui présentant Bayart, voici votre *Piquet* qui, avant de rejoindre sa compagnie en Artois, vient prendre congé de vous. » Le roi se plut à regarder quelque temps Bayart, qui s'était mis à genoux devant lui d'un air noble et assuré, et lui dit : « *Piquet*, mon ami, Dieu veuille continuer en vous ce que j'ai vu de commencement, et vous serez prud'homme. Adieu mon ami — Grand merci, Sire, » dit Bayart. Les princes et les seigneurs l'embrassèrent tous en lui témoignant leurs regrets de le voir partir; pour lui, il eût déjà voulu être rendu à sa garnison. Le roi lui envoya trois cents écus par le valet de chambre qui gardait sa cassette particulière, avec un superbe cheval de ses écuries. Bayart donna trente écus au valet de chambre, dix au palefrenier qui lui amena le cheval, générosité qui lui fit le plus grand honneur. Le comte le garda toute la soirée en son hôtel, et après lui avoir donné des conseils comme à son propre fils, et recommandé *de férir haut, de parler bas, et de ne jamais forligner.* « *Piquet*, mon ami, lui dit-il, je crois que vous serez parti demain avant mon lever; que Dieu vous garde dans votre voyage. » Il l'embrassa les larmes aux yeux; Bayart, un genou en terre prit congé de lui, et se retira en son logis, suivi de ses camarades qui lui firent à l'envi les plus vifs adieux.

Il trouva dans son appartement le tailleur du comte, qui lui apportait de sa part deux habillements complets, et il apprit qu'en son absence il lui avait envoyé par son palefrenier un superbe cheval qu'il montait fort souvent lui-même. Bayart donna vingt écus au tailleur, le chargea d'en remettre dix autres au palefrenier Guillaume, et de saluer de sa part tous les braves gens de la maison du comte de Ligny. Il se mit à faire ses coffres très-avant dans la nuit, dormit à peine quelques heures, et fut levé à la pointe du jour. Il fit partir devant lui ses chevaux de bataille, au nombre de six, et son bagage qu'il ne tarda guère à suivre avec six autres beaux courtauds ou chevaux de marche. Son camarade Bellabre l'accompagna jusqu'à la Bresle, où ils se séparèrent après avoir dîné ensemble, sans se faire de bien grands adieux; car Bellabre n'attendait qu'une paire de chevaux qui lui arrivaient d'Espagne, pour suivre son ami à trois ou quatre jours de là.

L'entrée de Bayart dans la ville d'Aire fut véritablement triomphale; il était accompagné de cent vingt gentilshommes de la compagnie du comte de Ligny, qui n'avaient pu s'empêcher de venir au devant de leur nouveau camarade Piquet, et toutes les croisées des maisons, devant lesquelles il passait, étaient garnies de dames, curieuses de voir un gentilhomme de dix-huit ans que précédait si bonne renommée. Durant le souper, auquel assistaient une bonne partie de ses nouveaux compagnons, un gentilhomme nommé Tardieu, lui proposa, pour sa bienvenue, de donner à trois jours de là, un tournoi en l'honneur des dames de la ville. — Monseigneur Tardieu, lui répondit Bayart, quand vous me demanderiez une chose plus difficile, je ne saurais vous la refuser, et à plus forte raison celle-ci, qui me plaît pour le moins autant qu'à vous. Chargez-vous de m'envoyer demain matin le trompette avec la permission de notre capitaine, et je ferai en sorte que vous soyez satisfait. — Ne vous inquiétez pas de la permission, répliqua Tardieu, c'est une de celles que ne nous refuse jamais le capitaine Louis d'Ars ; il sera ici dans quatre jours, et je prends tout sur moi. — « Eh bien ! dit le bon chevalier, à demain. »

Quoiqu'il eût grand besoin de repos, la proposition de Tardieu ne le laissa guère dormir, et lorsque celui-ci exact au rendez-vous, entra le matin chez lui, accompagné du trompette, en lui criant : « Maintenant compagnon, il n'y a plus à s'en dédire, voici votre homme, » Bayart pour réponse, lui présenta l'ordonnance de son tournoi toute dressée.

« Par saint George ! compagnon, s'écria Tardieu après l'avoir lue, jamais Lancelot, Tristan ni Gauvain ne firent mieux. Trompette, allez proclamer cela dans la ville, et d'ici à trois jours dans toutes les garnisons d'Artois et de Picardie. »

Le grand jour arrivé, le capitaine Louis d'Ars, et le seigneur de Saint-Quentin, Écossais, juges du camp, présidèrent à la division au sort des combattants, qui se rangèrent en deux bandes, chacune de vingt-trois champions. Le trompette fit faire silence, proclama à haute voix l'ordonnance du tournoi, et la lice fut ouverte.

C'était à Bayart à commencer, et contre lui s'avança un gentilhomme dauphinois de ses voisins, très-rude joûteur, et que l'histoire ne désigne que sous le surnom de Tartarin. Ils coururent l'un sur l'autre avec tant d'impétuosité, qu'ils rompirent leurs lances en éclats. Ce beau coup fut célébré par d'éclatantes fanfares. A la seconde course, Tartarin atteignit si rudement Bayart au-dessus du coude, qu'il lui faussa son brassard; tous les assistants crurent qu'il avait le bras percé; mais notre bon chevalier, inébranlable sur son destrier, frappa son adversaire au-dessus de la visière, et emporta avec sa lance l'aigrette de son casque. Après eux parurent Bellabre et le capitaine David de Fougas, de la compagnie écossaise, qui firent de leur trois lances tout ce qu'on pouvait attendre d'habiles gentilshommes. Les joûtes continuèrent entre les autres champions.

Vint ensuite le combat à l'épée. Bayart, à la troisième parade, mit la sienne en morceaux, et fournit aussi bien que possible, avec le tronçon, le nombre de coups voulus. Le reste des combattants remplit également bien son devoir, et les assistants, comme les juges, avouèrent qu'ils n'avaient jamais vu mieux combattre, soit à la lance, soit à l'épée, tout en distinguant Bayart, le capitaine David de Fougas, Bellabre et Tardieu.

Le soir de cette fameuse journée, Bayart donna un banquet splendide, où se trouvèrent maintes dames qu'avait attirées le tournoi de dix lieues à la ronde, et tout le monde se retira fort satisfait de la galanterie et de la magnificence du bon chevalier.

Le lendemain vers deux heures on recommença. Bayart s'avança le premier, et eut pour adversaire un vaillant gentilhomme du Hainaut, nommé Hanotin de Sucker. Ils se portèrent par-dessus la barrière de si rudes atteintes, qu'en un instant leurs lances furent brisées; saisissant la hache suspendue à leur ceinture, ils s'assaillirent de coups si terribles, qu'on eût dit un combat à mort. A la fin, Bayart asséna avec tant de force un coup sur l'oreille à son adversaire, qu'il l'étourdit, le fit tomber sur ses genoux et baiser la terre. « Holà! holà! crièrent les juges, c'est assez, qu'on se retire. »

Le tournoi ne se termina qu'avec le jour; les chevaliers coururent se désarmer et rejoignirent les dames et les capitaines d'Ars et de Saint-Quentin, déjà réunis chez Bayart pour le souper. Durant le repas, il ne fut question que du tournoi et de ceux qui l'avaient emporté dans les deux journées; les uns et les autres donnaient leur avis en attendant la décision des juges. Ceux-ci consultèrent les gentilshommes les plus expérimentés, et prièrent aussi les dames de dire leur avis en conscience et sans partialité. Tous tombèrent d'accord qu'en général on n'avait pu mieux combattre; mais que Bayart, sans blâmer les autres, était encore *le mieux faisant* des deux journées, et que les prix devaient lui être remis pour en disposer en faveur de qui bon lui semblerait. Le seigneur de Saint-Quentin, sur les instances du capitaine Louis d'Ars, qui lui en déféra l'honneur, prononça à haute voix cette sentence qui reçut l'approbation générale. « Messeigneurs, dit Bayart tout honteux et troublé, j'ignore par quelle faveur m'est fait cet honneur, que plusieurs, ce me semble, ont mieux mérité que moi; mais puisqu'il plaît aux seigneurs et aux dames de s'en remettre à mon jugement, je supplie messeigneurs mes compagnons de ne pas s'offenser et de trouver bon que je donne le prix de la première journée à monseigneur de Bellabre, et celui de la seconde au capitaine David des Ecossais. » Il les leur fit sur le champ délivrer, aux applaudissements unanimes de l'assemblée, et les divertissements et les danses commencèrent.

Durant les deux années que Bayart resta en Artois, il se donna plusieurs autres tournois de la plupart desquels l'honneur lui demeura. Ses louanges étaient dans toutes les bouches, et il gagnait les cœurs de tous ses compagnons par sa bonté et sa générosité.

Cependant Charles VIII, rejetant les avis et les représentations des vieux conseillers de son père, se disposait à revendiquer par les armes les droits incertains que la maison d'Anjou avait légués à Louis XI sur le royaume de Naples. Enivré par les fastueuses prouesses de ses favoris, et les harangues des ambassadeurs du duc de Milan, il n'apercevait que la gloire d'une telle expédition. Aucun sacrifice ne lui coûta pour obtenir de ses voisins qu'ils le laissassent en paix entreprendre sa conquête. La noblesse française, reprenant toute l'ardeur que lui avait fait perdre la politique ombrageuse de Louis XI, accourut à Lyon où était fixé le rendez-vous des troupes. A la tête d'une armée dont l'audace et le courage compensaient le nombre, le roi partit de Grenoble le 29 août 1494, traversa sans obstacle l'Italie, chassant devant lui les bandes des Condottieri, et fit son entrée dans Rome, la nuit du 31 décembre de la même année. La terreur de « la furie française » le devance dans Naples; le roi Alphonse abandonne en fuyant la couronne à son fils, et le jeune Ferdinand est contraint de le suivre sans avoir pu faire combattre ses troupes.

Cette conquête, ou plutôt ce voyage, « où les fourriers s'en allaient en avant, la craie en main, pour marquer les logements, » ne fournit pas à Bayart de grandes occasions de se distinguer, mais le retour devait être plus périlleux que l'entrée. Tandis que Charles s'oublie dans les délices de Naples, l'Italie entière s'assemble en une ligue pour couper la retraite aux Français, et faire perdre à jamais à cette nation audacieuse l'envie de repasser les monts. L'armée des confédérés, forte de quarante mille hommes, les attend au pied des Apennins, sous la conduite du marquis de Mantoue, qui ne redoute qu'une chose, c'est que le roi lui échappe. Les avertissements réitérés de Philippe de Commines, ambassadeur à Venise, parvinrent enfin à dissiper la sécurité du roi, qui se mit en marche pour retourner dans son royaume, tout en laissant la moitié de ses troupes à la garde de sa conquête. Mais avec moins de dix mille hommes, sa bonne artillerie et sa brave noblesse, Charles ne doutait point de passer sur le ventre aux Italiens réunis. Les confédérés l'attendaient avec confiance, certains d'envelopper *sa légion* dans les plaines de Foro-Novo, ou de l'accabler au passage du Taro. Mais si d'un côté le courage suppléait au nombre, de l'autre il n'y répondait point.

Le 6 juillet 1495, la bataille parut inévitable. Le roi Charles, « petit de corps, mais grand de cœur, » monté sur un superbe cheval, parcourut les rangs de ses soldats, transportés de l'air confiant et martial de leur chef. L'action s'engagea ; les Italiens ne purent soutenir l'impétuosité française, et prirent bientôt la fuite, précédés de leur général le marquis de Mantoue, qui rendit grâce à ses éperons. Charles, séparé de ses preux dans la mêlée, ne dut son salut qu'à sa courageuse résistance et à la vigueur de son bras. Les Français perdirent leur bagage pillé par la cavalerie légère des Vénitiens, et environ deux cents hommes ; les confédérés laissèrent plus de quatre mille morts sur le champ de bataille, perte à laquelle ses guerres de parade n'avaient point accoutumé l'Italie.

Au signal du combat, Bayart, avec toute l'ardeur d'un jeune écuyer à sa première bataille se précipita dans les rangs ennemis, et eut deux chevaux tués sous lui. Le comte de Ligny, témoin de sa vaillance, en instruisit le roi, qui lui fit donner cinq cents écus pour se remonter; Bayart le remercia en lui présentant une enseigne de cavalerie qu'il avait enlevée aux Italiens.

Le roi se hâta de venir dégager le duc d'Orléans assiégé dans Novare, et réduit aux plus dures extrémités. Il rejoignit ensuite la reine Anne, sa femme, qui l'attendait à Lyon, et de là s'en alla visiter les tombeaux de Saint Denis, qui ne devaient pas tarder à s'ouvrir pour lui. Ce fut, comme on sait, le 7 avril 1498, que ce jeune prince, traversant une galerie pour aller voir jouer à la paume dans les fossés du château, se heurta la tête contre une porte, tomba sans connaissance et expira quelques instants après.

CHAPITRE IV.

Avènement de Louis XII à la couronne. — Conquête du duché de Milan. — Bayart fait un voyage à Carignan. — Il est fait prisonnier en Italie et renvoyé sans rançon. — Premier duel du bon chevalier.

1498. — 1500.

La mort du fils unique de Charles, arrivée durant l'expédition d'Italie, appelait au trône le plus proche héritier mâle, Louis d'Orléans, qui prit le nom de Louis XII. Le nouveau monarque alla se faire sacrer à Reims, et annonça hautement ses futures prétentions en joignant à ses titres celui de roi de l'une et de l'autre Sicile et de duc de Milan. Il s'occupa d'abord de faire casser le mariage qu'il n'avait contracté avec Jeanne, fille de Louis XI, que par la violence de son redoutable beau-père. Devenu libre, il s'empressa de remplir la clause du contrat de mariage d'Anne de Bretagne avec Charles VIII, qui portait que cette princesse ne pourrait se remarier qu'avec l'héritier présomptif de la couronne de France.

Après s'être assuré, en habile politique, des puissances qui auraient pu traverser son entreprise, il résolut, l'an 1499, de faire valoir ses droits sur le duché de Milan, qui lui appartenait du chef de Valentine de Milan, son aïeule, héritière des Visconti. Ludovic, petit-fils de l'usurpateur Sforza, en jouissait au préjudice de la maison d'Orléans, que les malheurs de la France en proie aux Anglais et aux dissensions domestiques, avaient empêchée de réclamer son héritage. Louis ayant amassé, par une sage économie, les fonds nécessaires à une aussi vaste entreprise, sans fouler ses peuples par de nouveaux impôts, fit passer les Alpes à son armée, sous la conduite de Bérault Stuart, seigneur d'Aubigny et de J. J. Trivulzio, seigneur milanais, ennemi personnel de Ludovic. Les villes de Nona, de la Rocca, furent emportées d'assaut et saccagées ; Pavie et Novare, intimidées par cet exemple, reçurent les Français, et le reste du Milanais se hâta d'arborer la croix blanche. Sforza, ne se croyant plus en sûreté dans Milan, fit charger trente mulets de ses ducats, et s'enfuit par une porte, tandis que les habitants ouvraient l'autre à Trivulzio.

A la nouvelle de ces rapides succès, Louis partit de Lyon, et vint prendre possession des Etats que ses lieutenants lui avaient conquis en vingt jours. Il fit son entrée solennelle dans Milan le 8 février 1499, en habit ducal, et resta trois mois dans cette ville, appliqué à diminuer les impôts et à gagner les cœurs de ses nouveaux sujets par la douceur de sa domination. Mais la nouvelle de la naissance de sa fille le rappela trop tôt en France, et il laissa le gouvernement de la Lombardie à Trivulzio, dont les talents étaient plus propres à conquérir qu'à gouverner un nouvel Etat.

Après le départ du roi, les garnisons françaises passaient le temps à donner des fêtes et des tournois. Bayart profita de ces loisirs pour aller visiter sa famille, qu'il n'avait point revue depuis le jour où il l'avait quittée pour la première fois.

Après avoir pleuré sur le tombeau de son père qui était mort en 1496, et demeuré quelque temps avec sa bonne mère, il se rendit à la Cour de Savoie. Il y réjouit par sa présence tous ceux qui l'avaient connu et donna un tournoi à la prière de la dame de Fruzasque. Tandis qu'on ne parlait dans Carignan que de sa courtoisie, de ses prouesses et de sa générosité, il se hâta de regagner la Lombardie. Le bon chevalier avait prévu que Sforza chercherait bientôt à y rentrer, et il comptait sur cette campagne pour se dédommager de la précédente.

Ludovic le More, retiré en Allemagne épiait le moment favorable de recouvrer le duché de Milan; la licence des Français et la dureté du gouverneur ne le lui firent pas attendre longtemps. Trivulzio, chef des Guelfes, proscrit autrefois de sa patrie par les Gibelins, satisfaisait, au nom du roi de

France, ses propres inimitiés, et persécutait à son tour cette puissante faction. Sforza, instruit par de nombreux émissaires des regrets et du mécontentement de ses anciens sujets, eut bientôt, à l'aide de ses trésors, réuni une armée composée de vingt mille Suisses, Allemands, Bourguignons et Albanais.

Il entra en campagne au milieu de l'hiver, et les forces affaiblies et divisées des Français ne purent résister à cette invasion que seconda le soulèvement général de la Lombardie. Ludovic rentra dans Milan, le 5 février 1500, aux acclamations du même peuple, qui l'avait chassé quelques mois auparavant. Trivulzio et le comte de Ligny, après avoir jeté des garnisons dans les principales citadelles, furent contraints de se replier sur Mortara. Louis, instruit d'une révolution à laquelle il était loin de s'attendre, fit passer en Italie de puissants renforts; mais la division qui régnait entre ses généraux nuisit au succès de ses armes, et pendant plusieurs mois la fortune resta incertaine.

Impatient de se signaler, Bayart, était venu se loger avec quelques gentilshommes de sa compagnie, dans une petite place à vingt milles de Milan. C'était entre eux à qui imaginerait de nouvelles entreprises, sur l'ennemi. Un jour le bon chevalier fut informé qu'il y avait dans Binasco, à quelques milles de là, un parti de trois cents chevaux, qu'il serait possible d'enlever. Ses compagnons acceptèrent avec empressement l'invitation qu'il leur fit d'aller rendre visite aux Italiens, et ils partirent un matin au nombre de quarante à cinquante hommes d'armes déterminés à tenter l'aventure ; mais ils avaient affaire à un brave et vigilant capitaine nommé Bernardino Cazaccio, qui, informé de leur projet, jugea plus à propos de les attendre en rase campagne. Il se posta à deux où trois jets d'arc de Binasco, et dès qu'il eut aperçu les Français, il estima, à leur petit nombre, qu'il en aurait bon marché. Les deux troupes ne tardèrent point à se reconnaître et fondirent l'une sur l'autre aux cris de France ! France ! Moro ! Moro ! Le choc fut terrible, et grand nombre de cavaliers renversés ne purent remonter à cheval dans une mêlée aussi chaude.

Cependant le combat durait depuis une heure, sans qu'au grand regret de Bayart la victoire se fut encore déclarée. » Eh ! camarades, s'écria-t-il, cette poignée de monde nous tiendra-t-elle ici toute la journée ? Si les troupes qui sont dans Milan venaient à en être averties, ce serait fait de nous. Un dernier effort, et débarrassons-nous-en au plus vite. » Ranimés par ces paroles, les Français, en répétant leur cri de guerre, chargèrent les Lombards avec tant de fureur, que ceux-ci commencèrent à perdre le terrain. Cazaccio, voyant que les

Français le serraient de près, craignit qu'ils n'entrassent avec lui dans Binasco, et fit sa retraite en bon ordre du côté de Milan. Arrivés à peu de distance de cette ville, les Italiens se débandèrent et se sauvèrent à toute bride, poursuivis par les Français jusque sous le canon de la place. Alors un des anciens de la compagnie, s'apercevant du danger, cria : « Tourne, homme d'armes, tourne. » Chacun obéit et s'arrêta, à l'exception de Bayart, qui était trop échauffé à la poursuite des fuyards pour rien entendre.

Il se laissa tellement entraîner par son ardeur, qu'il entra pêle-mêle avec eux dans Milan, les chassant jusque sur la place du palais ducal. Reconnu bientôt à ses croix blanches, et entouré de toute part par la populace qui criait. : *Piglia! Piglia!* il fut forcé de se rendre au capitaine Bernardino Cazaccio : celui-ci l'emmena en son logis, et, après que Bayart fut désarmé, il ne pouvait reconnaître ce terrible gendarme dans un homme dont tous les traits respiraient encore la première jeunesse.

Ludovic, qui avait entendu le tumulte, en demanda la cause ; et, curieux de voir cet archer si téméraire, il le fit mander devant lui. Cazaccio, guerrier plein d'honneur, à la réception de cet ordre, craignit que Ludovic, se livrant à ses fureurs habituelles, n'eût conçu quelque funeste projet, et voulut accompagner lui-même son prisonnier. « Mon gentilhomme, lui dit Sforza étonné de voir tant de valeur et de jeunesse réunies, approchez, et contez-moi ce qui vous a amené dans notre ville. Pensiez-vous prendre Milan à vous seul? — Par ma foi! Monseigneur, lui répondit Bayart sans se troubler, je ne pensais pas entrer tout seul, et croyais bien être suivi de mes compagnons, qui, plus au fait de la guerre, ont évité mon sort. Mais, à part ma disgrâce, je n'ai qu'à me féliciter d'être tombé entre les mains de ce bon et vaillant capitaine. » Ludovic lui ayant demandé à combien, sur son honneur, s'élevait le nombre des troupes françaises : « Sur mon âme, Monseigneur, ils ne sont guère que quatorze ou quinze cents hommes d'armes et seize ou dix-huit mille hommes de pied, mais tous gens d'élite, déterminés à soumettre cette fois pour toujours le duché de Milan au roi notre maître; excusez ma franchise, mais il me semble que vous seriez, Monseigneur, pour le moins autant en sûreté en Allemagne qu'ici, car vos gens ne sont pas pour tenir devant les nôtres. »

Le duc feignit de s'amuser des propos du jeune Français, qui ne laissaient pas de lui donner à penser. « Sur ma foi, mon gentilhomme, lui dit-il d'un ton railleur et indifférent, j'ai bonne envie que les troupes du roi de France et les miennes décident au plus tôt par une bataille à qui appartiendra cet héritage, car je vois bien qu'il n'y a pas d'autre moyen de nous accorder. — Plût à Dieu! Monseigneur, s'écria Bayart, que ce fût dès demain, pourvu que je fusse hors de prison. — Vous êtes libre, reprit Ludovic dans un élan de générosité qui lui était peu ordinaire, et je vous accorde de plus tout ce que vous me demanderez. » Le bon chevalier, mettant un genou en terre pour le remercier, le pria, pour toute grâce, de lui faire rendre ses armes et son cheval, et de le renvoyer à sa garnison.

Toute l'armée plaignait le jeune guerrier dont la noble ardeur excusait l'imprudence. Son retour inattendu vint surprendre ses camarades, qui l'accompagnèrent, en le félicitant, chez son bon maître le comte de Ligny. Celui-ci fut tout heureux de revoir son bon ami *Piquet* et d'apprendre en détail son aventure. Trivulzio lui demandant « s'il jugeait à la contenance de Sforza qu'il fût homme à leur livrer bataille. — Monseigneur, répondit Bayart, il ne m'a pas mis si avant dans sa confidence ; tout ce que je puis vous dire, c'est qu'il n'a pas l'air facile à intimider, et que probablement, d'ici à quelques jours, vous aurez de ses nouvelles. »

Importuné des louanges que le capitaine Cazaccio donnait publiquement au guerrier français, Hyacinthe Simonetta, gentilhomme d'une illustre famille milanaise, le fit insolemment provoquer à un combat singulier. Fier de quelques succès parmi ses compatriotes, et plein de confiance dans ses talents d'escrime, il négligea toute prudence. « Couvert d'une étroite armure qui, tout en faisant ressortir l'élégance de sa taille, gênait ses mouvements, » à peine si le présomptueux Milanais put détourner le fer du jeune Français qui le jeta sans vie dans l'arène. La solennité donnée à ce combat tourna à la gloire de Bayart, et, « la défaite du champion de Sforza parut aux Italiens eux-mêmes un présage certain de la ruine prochaine de cette maison. »

CHAPITRE V.

Prise de Ludovic Sforza et seconde conquête de Milan. — Générosité et désintéressement de Bayart. — Campagne de Naples, où le bon chevalier commence à se faire connaître des Espagnols.

1500 — 1502.

L'arrivée de la Trémouille, un des plus grands capitaines de son temps, ne tarda pas à rendre à l'armée française l'énergie que lui avait enlevée la pluralité de ses chefs. Pendant que Ludovic perd un temps précieux au siége du château de Novare, il est investi lui-même dans cette ville. La principale force des deux armées consistait en bandes Suisses. La Trémouille traîta secrètement avec celles de Sforza, qui se mutinèrent et refusèrent de se battre contre leurs compatriotes. Après avoir employé les promesses et être inutilement descendu aux prières les plus touchantes pour les détourner de leur trahison, Sforza fut réduit à implorer la permission de s'échapper parmi eux, déguisé en soldat, ou, selon d'autres, en cordelier. Tandis que les Suisses défilaient entre les rangs des troupes françaises, Ludovic, désigné par un valet du canton d'Uri, fut reconnu et arrêté. Conduit en France, il termina sa carrière dans le château de Loches, après dix années d'une captivité aussi douce que le permettait la sûreté d'un tel prisonnier.

Lors de la première conquête du Milanais, Louis XII avait distribué à ses principaux officiers plusieurs terres et seigneuries, et entre autres, au comte de Ligny, les villes de Tortona et de Voghera. Toutes, à l'exemple de la capitale, avaient chassé leurs garnisons et ouvert leurs portes à Sforza. Courroucé de cette défection, le comte de Ligny résolut d'aller en personne châtier ses sujets rebelles.

Suivi de Louis d'Ars, son lieutenant, de Bayart, qui portait son guidon, et d'une partie de sa compagnie, il s'avança jusqu'à Alexandrie, faisant courir le bruit qu'il allait mettre Tortona et Voghera à feu et à sang, quoiqu'un semblable dessein n'eût dû entrer dans son âme. A cette nouvelle, les habitants consternés se hâtèrent d'envoyer au-devant de leur seigneur vingt de leurs principaux bourgeois, pour conjurer sa vengeance et demander sa miséricorde. Le comte de Ligny les rencontra à vingt milles de Voghera, mais il passa outre, sans faire semblant de les apercevoir, et entra dans la ville en appareil de guerre.

Cet accueil redoubla la frayeur des pauvres députés qui le suivirent en silence et allèrent implorer la protection du capitaine Louis d'Ars, dont ils connaissaient la bonté. Celui-ci leur promit ses bons offices, en leur conseillant de laisser passer la nuit sur la colère de leur seigneur. Le lendemain, après le dîner du comte, cinquante des premiers de la ville, tête nue, vinrent se jeter à ses pieds criant miséricorde. L'un d'eux prononça en langue italienne un discours fort éloquent et dont le sens était : que la ville de Voghera n'avait cédé qu'à la force, et que les cœurs de ses habitants n'avaient jamais cessé d'être français ; qu'ils le suppliaient de leur pardonner l'offense qu'ils avaient commise tant envers le roi qu'envers lui, sur l'assurance qu'à l'avenir ils ne retomberaient plus dans une semblable faute ; enfin qu'ils s'en remettaient à sa clémence, et le priaient d'accepter ces trois cents marcs de vaisselle d'argent en signe de pardon ; et ils couvrirent deux tables de pièces d'argenterie, sur lesquelles le comte ne daigna pas laisser tomber un regard. D'un ton et d'un air à les faire tous rentrer sous terre, il leur adressa cette réponse : « Vous êtes bien hardis, vassaux lâches et félons, de paraître devant moi après votre infâme révolte, et d'ajouter mensonge à trahison. Est-on venu assiéger votre ville, canonner et assaillir vos remparts ? Non, vous avez traîtreusement appelé dans vos murs l'usurpateur de ce duché. Si je n'écoutais que mon devoir et ma juste indignation, je vous ferais pendre tous, comme traîtres et déloyaux, aux croisées de vos maisons. Allez, fuyez de devant mes yeux, et délivrez-moi à jamais de votre présennce » Les pauvres citoyens, toujours à genoux, écoutaient transis de peur, et n'osaient plus rien ajouter.

Alors le sage et vaillant capitaine Louis d'Ars, se découvrant, adressa, le genou en terre, ces paroles au comte de Ligny : « Monseigneur, en l'honneur de notre Sauveur et de sa Passion, accordez-moi leur grâce ; je leur ai engagé ma parole, et ils auraient mauvaise opinion de moi si je venais à y faillir. Je vous promets, en leur nom, qu'ils seront à l'avenir bons et fidèles sujets.... » Les pauvres gens l'interrompirent en criant : « Grâce, Monseigneur, grâce, nous tiendrons ce que le capitaine a promis. » Le comte de Ligny, ému par leurs larmes, les fit lever et leur dit : « Je vous pardonne en considération du capitaine Louis d'Ars, dont les services obtiendraient de plus grands sacrifices de moi. Allez, mais gardez-vous d'y retomber. Quant à votre présent, vous ne méritez pas que je l'accepte. » Jetant ses regards autour de lui, il aperçut Bayart, et lui dit : « *Piquet*, prenez cette vaisselle, je vous la donne pour votre cuisine Monseigneur, reprit celui-ci, je vous en remercie très-humblement; mais à Dieu ne plaise que biens qui viennent d'aussi méchantes gens entrent jamais en ma maison ; ils me porteraient malheur. » Cela dit, il distribua pièce par pièce l'argenterie à tous ceux qui se trouvaient là, sans en garder pour la valeur d'un denier, au grand étonnement de ses camarades, car le bon chevalier eût été alors embarrassé de trouver dix écus en sa bourse. Le comte, jaloux qu'il n'eût pas à souffrir de sa générosité, lui envoya le lendemain une belle robe de velours cramoisi doublée de satin broché, un cheval magnifique, et une bourse de trois cents écus, qui ne lui durèrent guère, car ils furent bientôt partagés entre ses camarades.

L'an 1501, tout paraissant tranquille en France et dans le Milanais, Louis XII résolut de mettre à exécution le projet de son prédécesseur et de reconquérir le royaume de Naples. On le vit avec étonnement s'unir à son rival, à son ennemi Ferdinand le Catholique, pour faire et partager ensemble cette conquête. C'était se donner un associé dangereux où il pouvait être seul le maître; et cette alliance impolitique ne devait avoir pour la France que les résultats les plus funestes.

Il avait été convenu que le roi de France entrerait le premier en campagne, et il se hâta de mettre sur pied une puissante armée dont le comte de Ligny s'attendait à avoir le commandement. Lors du voyage de Naples, Charles VIII avait fait épouser à son favori Eléonore des Baux, princesse d'Altamura, belle et riche veuve, qui possédait dans la Pouille les villes de Venosa, Canosa, Andria,

Minervino et nombre d'autres. Le comte fut obligé d'abandonner l'Italie avec l'armée française ; et sa femme, trop sensible à cette séparation, tomba dans une mélancolie qui bientôt la conduisit au tombeau. Louis de Ligny était donc, par ses intérêts et les intelligences qu'il pouvait avoir conservées dans son duché d'Altamura, le général le plus propre à commander l'expédition de Naples. Jeune et vaillant, capitaine expérimenté, il ne lui manquait que la faveur conservée rarement par les rois aux favoris de leurs prédécesseurs. Il conçut un si grand dépit des refus de Louis XII, qu'il se retira dans ses terres, où il mourut de chagrin, à la fleur de l'âge le 31 décembre 1503.

Sa compagnie, sous les ordres de Louis d'Ars, son lieutenant, rejoignit l'armée, que commandait Berault Stuart, seigneur d'Aubigny, habile et vaillant capitaine, mais qu'une santé chancelante écarta trop souvent de son poste. Bayart n'avait garde de rester en arrière, et il demanda à son bon maître la permission de suivre ses compagnons en Italie. Le comte de Ligny se sépara de lui à regret, et comme s'il eût prévu qu'il ne devait plus le revoir.

Ferdinand le Catholique feignit d'envoyer le célèbre Gonzalve de Cordoue au secours de son parent le roi de Naples ; mais dès que l'armée française eut commencé les hostilités, le général espagnol rendit public le traité de son maître avec Louis XII, et s'empara de toutes les places où il avait été reçu comme allié. Ce manque de foi accabla Frédéric, prince sage et peu guerrier ; indigné de la perfidie de Ferdinand et désespérant du salut de ses Etats, il les céda au roi de France en échange du comté de Maine où il alla tranquillement achever sa vie.

La conquête terminée, la discorde ne tarda pas à se mettre entre les conquérants, sous le prétexte de la délimitation des provinces tombées dans le partage de chacun. Gonzalve initié à tous les secrets de Ferdinand, dont sa mauvaise foi le rendait le digne lieutenant, chercha les hostilités, surprit en pleine paix la ville de Tripalda, et fit main basse sur la garnison française. D'Aubigny reprit cette place après l'avoir ensanglantée à son tour, et la guerre, sans être déclarée, s'éveilla peu à peu entre les deux nations.

Ce fut dans ces fréquentes agressions que Bayart commença à se faire une réputation parmi les Espagnols, assez avares, comme on sait, de louanges envers les étrangers. Son capitaine, Louis d'Ars, s'était emparé, au nom du comte de Ligny, de Venosa et de plusieurs autres places provenant de l'héritage de sa femme, la princesse d'Altamura. Favorisé par quelques seigneurs de la faction augevine, et vaillamment secondé par Bayart et son ami Bellabre, il poursuivit ses conquêtes en dépit de Gonzalve. Vainement ce général le fit-il sommer d'évacuer la Pouille, et de rendre les villes qu'il détenait, selon lui, au préjudice du roi d'Aragon ; Louis d'Ars lui répondit qu'il gardait à bon droit les possessions du comte de Ligny son maître, qui relevaient directement de Naples, dont le roi de France était le seigneur-propriétaire. Il appuya ce raisonnement par la défaite de ceux qui furent envoyés contre lui, et nonobstant force et menace, il continua de recouvrer les dépendances du duché d'Altamura.

Louis XII, informé de la conduite déloyale de ses alliés, manda à son vice roi, Louis d'Armagnac, duc de Némours, de sommer Gonzalve de rendre dans les vingt-quatre heures les villes dont il s'était emparé, ou de lui déclarer la guerre. Sur la réponse évasive de ce général, l'armée française entra en campagne, et alla mettre le siége devant Canosa. Cette ville, entourée d'épaisses murailles, de larges fossés, abondamment fournie de vivres et de munitions était défendue par l'élite des troupes espagnoles sous la conduite du capitaine Péralta et du célèbre Pietro Navarro.

Le 16 juillet 1502, les Français firent les approches de la place et ouvrirent le feu de leur artillerie. Le quatrième jour, la brêche ayant été jugée suffisante, les Français assaillirent si vivement les Espagnols, que la ville eût été prise sans la vigoureuse résistance du capitaine Peralta. Après trois heures d'un combat des plus meurtriers, le terrain demeura aux assiégés, et les Français furent contraints de rentrer dans leurs quartiers. L'artillerie battit la ville d'un autre côté pendant deux jours et deux nuits, et ouvrit une brêche plus considérable que la première. Bayart et Bellabre s'y précipitèrent des premiers, et déjà l'étendard de France s'élevait sur les décombres des remparts, lorsque les Espagnols, ramenés par leur capitaine, firent une charge si impétueuse qu'ils chassèrent de nouveau les assiégeants. Le bon chevalier s'était tellement avancé, qu'il fut atteint et blessé de plusieurs coups de pique ; son ami Bellabre eut le visage tout brûlé ; Luc le Groing, brave gentilhomme de leur compagnie, renversé dans le fossé du haut de la muraille, fut emporté comme mort. Les capitaines, après avoir perdu nombre de leurs meilleurs hommes d'armes firent cesser un assaut trop meurtrier.

Irrités que douze cents Espagnols les arrêtassent aussi longtemps, les Français, le lendemain, redemandèrent l'attaque à grands cris, jurant de périr tous devant la place ou de l'emporter de vive force. Le capitaine Peralta, non moins sage que brave, ne crut pas devoir exposer le reste de ses soldats à une perte certaine, et, ayant obtenu une honorable capitulation, il remit la place au duc de Némours.

CHAPITRE VI.

Bayart, gouverneur de la ville de Minervino, fait prisonnier Alonso de Soto-Mayor, capitaine espagnol. — Différend et duel qui s'ensuit. — Autre combat entre onze Français et onze Espagnols. — Le bon chevalier enlève un trésorier de Gonzalve.

1502. — 1503.

Louis d'Ars avait confié au bon chevalier le gouvernement de Minervino, ville épiscopale de la Capitanate, qui dépendait des domaines du comte de Ligny. Après avoir pourvu à la sûreté de la place, Bayart, au bout de quelques jours, ne tarda pas à s'ennuyer de rester si longtemps en cage sans rompre une lance. « Messeigneurs, dit-il un soir à ses hommes d'armes, durant que nous croupissons ainsi derrière des murailles, nos armes se rouillent et l'orgueil des Espagnols s'accroît. Il m'est avis, pour rompre ces pernicieux loisirs, que nous allions demain faire une course entre Barletta et Andria, et si, comme je l'espère, nous rencontrons quelque parti ennemi, ce sera une occasion de nous remettre en haleine. » Ce projet fut vivement applaudi, et ceux qui devaient le partager employèrent la soirée à visiter leurs chevaux et à préparer leur harnais. Ils se mirent au champ de grand matin, au nombre de trente hommes d'armes, tous bien déterminés à ne pas rentrer dans Minervino sans avoir vu l'ennemi de près.

Le même jour et dans le même dessein, était sorti d'Andria, ville du voisinage, un brave et hardi capitaine espagnol nommé Alonso de Soto-Mayor, proche parent de Gonzalve et commandant de sa cavalerie. Il serait difficile de dire laquelle des deux troupes éprouva le plus de joie, lorsque, au détour d'une colline, elles s'aperçurent descendant à nombre égal dans la plaine.

« Mes amis, dit Bayart à ses gens dès qu'il eût reconnu les croix rouges, voici l'occasion que nous avons cherchée ; que chacun songe à son honneur et fasse son devoir ; si je ne fais le mien, tenez-moi à jamais pour lâche et sans cœur. — Allons, capitaine, lui répondirent-ils, donnez le signal de la charge pour que les Espagnols n'aient pas l'honneur de commencer. » Visière baissée, lance en arrêt, aux cris de *France! France!* ils se lancèrent au grand galop sur les Espagnols, qui aux cris de *España! Santiago!* leur épargnèrent bravement la moitié du chemin. Le combat dura indécis plus d'une demi heure avec un égal acharnement. Animé par la résistance, il semblait que le bon chevalier se multipliât dans la mêlée. Enfin une dernière charge rompit les Espagnols, qui se débandèrent, laissant sept hommes morts et autant de prisonniers.

Le reste prit la fuite avec le capitaine ; mais Bayart, sans perdre de vue Alonso, le poursuivit et l'atteignit l'épée haute, en lui criant : « Tourne, homme d'armes ! ne te laisse pas tuer par derrière. » Celui-ci, préférant une mort glorieuse, se retourna contre le bon chevalier, et il s'engagea entre eux un combat terrible. Soto-Mayor, abandonné par les siens, résistait avec un courage qui eût rendu la victoire douteuse si ses compagnons eussent combattu comme lui. Mais bientôt son cheval, rendu de lassitude, ne répondit plus au frein ; alors le bon chevalier, suspendant ses coups, lui dit : « Rends-toi, homme d'armes, ou tu es mort ! — A qui me rendrai-je ? répondit-il. — Au capitaine Bayart. » Alonso, qui le connaissait de réputation et voyait bien d'ailleurs que, cerné de tout côté, il ne pouvait échapper, lui remit son épée. Les Français reprirent la route de Minervino sans avoir perdu un seul homme, et se félicitant de n'avoir acheté leur victoire que par quelques blessures. Le bon chevalier ayant appris le nom et la naissance de son prisonnier, lui fit donner une des plus belles chambres du château, des vêtements de sa garde-robe et tout ce qui pouvait lui être nécessaire. Poussant plus loin la générosité, il se contenta de lui demander sa parole de ne point chercher à s'évader, et lui laissa la liberté de se promener par toute la place. Alonso le remercia de sa courtoisie et lui donna sa foi de ne pas sortir sans son congé. Quelques jours après, ils convinrent de la rançon qui fut fixée à mille ducats.

L'Espagnol demeura quinze à vingt jours à faire bonne chère avec le capitaine et ses compagnons, allant et venant sans être nullement surveillé, personne ne croyant un homme de sa condition capable de violer sa parole; mais impatienté de ne point voir arriver l'argent qu'il attendait, Alonso trouva plus expéditif d'aller lui-même chercher sa rançon. Il séduisit un soldat albanais de la garnison, nommé Théode, et s'enfuit avec lui un beau matin par une poterne du château. Bayart, ne tarda guère à faire sa ronde accoutumée, et, surpris de ne point trouver dans les cours don Alonso, avec lequel il causait et se promenait tous les matins, il demanda au portier où il était. Celui-ci répondit que l'Espagnol s'était promené à la pointe du jour du côté de la poterne, et que depuis il ne l'avait point revu. Aussitôt Bayart fit sonner l'alarme, et ni don Alonso ni Théode ne parurent. Outré de cette trahison, mais sans perdre un instant il fait monter à cheval un de ses soldats nommé le Basque, avec dix de ses meilleurs cavaliers, leur ordonne de courir à bride abattue sur la route d'Andria, et de ramener le fugitif mort ou vif, sans oublier l'Albanais, qui serait pendu aux créneaux du château pour servir d'exemple.

Le Basque, les éperons dans le ventre de son cheval, aperçut au bout de deux milles don Alonso occupé à rajuster les sangles de son cheval. Sans lui donner le temps de remonter, il fond sur lui et l'arrête. Pour Théode, instruit du sort qui l'attendait, il gagna Andria sans regarder derrière lui. Quand le bon chevalier revit Soto-Mayor, il ne put contenir son indignation et l'accabla des plus sanglants reproches. Vainement l'Espagnol voulut alléguer sa prétendue justification : Bayart trop irrité pour recevoir des excuses pareilles, le fit conduire dans la tour, où il le tint quinze jours enfermé, sans aggraver autrement sa captivité, et sans lui faire mettre les fers, comme il en avait le droit. Au bout de ce temps, arriva un trompette chargé de demander un sauf conduit pour le porteur de la rançon. L'argent apporté et compté, Alonso prit congé d'assez bonne grâce de Bayart et de ses hommes d'armes, et partit après avoir vu distribuer ses mille ducats, jusqu'au dernier, aux soldats de la garnison.

De retour à Andria, l'Espagnol fut accablé de questions sur sa captivité et sur le seigneur Bayart. « Je vous assure, » répondit-il à ses amis, « qu'il est impossible de trouver un capitaine plus intrépide, plus actif et plus libéral. Quant au traitement que j'ai éprouvé, j'ignore s'il provenait de ses ordres; mais ses gens ne m'ont point traité en prisonnier de guerre ni en gentilhomme, et je me réserve bien de lui en demander satisfaction les armes à la main. » Il répéta publiquement ses plaintes et ses menaces dans une conférence qui eut lieu à cette époque entre le duc de Nemours et Gonzalve pour la délimitation des provinces contestées. Le bon chevalier ne tarda point à en être informé, et crut en conséquence devoir adresser à Soto-Mayor une lettre par laquelle il le somma de confesser la vérité ou de lui rendre raison de son imposture. L'Espagnol répondit qu'il n'était pas homme à se dédire et qu'il acceptait le combat proposé. Mais lorsqu'il fallut en venir au fait, il ne se montra plus si pressé, et six mois s'écoulèrent avant qu'il fût décidé à dégager sa parole. Enfin, Gonzalve ayant pris connaissance de ce différend, il n'y eut plus moyen de reculer, et Soto-Mayor donna jour au bon chevalier. Toutefois sachant qu'il était l'homme du monde le plus redoutable à cheval, il exigea que le combat eût lieu à pied. Quoique Bayart fut alors affaibli par la fièvre, il déféra gaiement à cette nouvelle prétention, et après les cérémonies usitées dans les gages de bataille, les deux champions restèrent seuls dans la lice. Le bon chevalier se mit à genoux, fit son oraison à Dieu, et s'étant relevé s'avança contre son adversaire, le visage découvert, l'épée dans la main droite et le poignard dans la gauche. L'Espagnol de même marcha bravement à sa rencontre. Le combat s'engagea ; mais tandis que Soto-Mayor, comptant sur sa taille et sa force, tâchait à saisir Bayart au corps, celui-ci profita du moment où il se découvrait pour lui porter un coup terrible dans le visage. Soto-Mayor se sentant dangereusement blessé, jeta son épée, et le poignard à la main se précipita comme un forcené sur Bayart. Tous deux roulèrent par terre sans lâcher prise. Soudain le Francais, plus agile, plonge son poignard jusqu'à la croisée dans la gorge de son adversaire en lui criant: « Rendez-vous, seigneur Alonzo, ou vous êtes mort. » Il n'avait garde de répondre, il n'était déjà plus. Le bon chevalier, qui eût donné tout ce qu'il possédait pour vaincre son adversaire sans le tuer, se jeta à genoux pour remercier Dieu de la victoire qu'il venait de lui accorder, et rendit généreusement aux Espagnols le cadavre de leur champion.

Cette sanglante et fatale rencontre ne fit qu'en préparer une autre. Quelque temps après, Bayart et son ami, François d'Urfé, seigneur d'Orose, étant sortis un matin avec leur compagnie, rencontrèrent aux champs une bande d'Espagnols sous les ordres de don Diégo de Vero, ancien ami de Soto-Mayor. Ce capitaine qui ne songeait qu'à le venger, entra en conversation avec les Français et leur proposa, de façon à n'être pas refusé, de lier une partie de dix contre dix, vingt contre vingt pour soutenir en champ clos la querelle de leurs princes. Bayart et son ami n'étaient pas gens à supporter les rodomontades espagnoles, et il fut convenu que de là en huit jours ils se trouveraient au nombre de onze, montés et armés de toutes pièces, sous les murs de la ville de Trani.

De retour à leur garnison, Bayart et d'Urfé n'eurent que l'embarras du choix entre leurs compagnons. Pour Gonzalve, attachant la plus grande importance au succès de ce défi, qui devait relever l'honneur des armes espagnoles, il choisit lui-même les guerriers les plus renommés de ses troupes et leur donna tous les conseils que lui suggérèrent sa vieille expérience et son astuce. Les Vénitiens sur le territoire desquels avait lieu le combat, en furent choisis pour juges, et à dix heures du matin, au son des trompettes et des clairons, les onze Français et les onze Espagnols fondirent les uns sur les autres de toute la rapidité de leurs chevaux. Ce premier choc fut terrible, sans avoir rien de décisif. Mais les Espagnols rendirent bientôt la partie inégale en mettant en pratique les avis de Gonzalve et la maxime qui leur avait si bien réussi dans les guerres de Grenade : « Quand le cheval est mort, l'homme d'armes est perdu. » Tandis que les Français, à leur habitude, ne s'attachaient qu'à frapper les cavaliers, eux ne visaient qu'aux chevaux. Cette manœuvre déloyale obtint un succès si complet qu'au bout de quelque temps il ne resta que Bayart et d'Urfé à cheval. Consommés aux ruses espagnoles, les deux amis se tînrent sur leur garde et veillèrent sur leurs destriers, destinés à sauver l'honneur de la journée. Couvrant leurs cavaliers démontés et les garantissant avec une adresse et une activité sans égales du choc des Espagnols, ils parvinrent à rendre tous leurs efforts inutiles. Lassés et découragés, ils cessèrent le combat et finirent par proposer aux Français de se retirer, quitte à quitte les uns et les autres, sans prolonger une lutte incertaine.

Quoique les Vénitiens eussent refusé de prononcer en leur qualité de juges, à qui appartenait la victoire, l'honneur n'en demeura pas moins aux Français et surtout à Bayart et à son ami d'Urfé.

Le renom du bon chevalier s'accrut de toute la part qu'il avait eue à cette victorieuse résistance, et sa réputation passa en ce proverbe espagnol : « *Muchos Grisones y pocos Bayardos*, » dont la restriction louangeuse en dit plus que tous les témoignages nationaux. « Mais ajoute naïvement un écrivain contemporain, si en Gaule il y a peu de Bayarts, en Espagne il n'y a nul Bayart, et ainsi vaut mieux en avoir un que point. »

Le grand capitaine, déchu de son attente, fit un mauvais accueil à ses champions, et les blâma d'avoir abandonné la partie lorsque leur avantage leur devait assurer la victoire.

Le bon chevalier n'était pas de ceux qui s'endorment sur leurs lauriers, et quelque temps après, instruit qu'il y avait à Naples un trésorier espagnol qui se disposait à porter de l'argent à Gonzalve, il résolut de s'en emparer au passage. Il partagea sa petite troupe en deux corps, et, tandis qu'il s'embusquait sur un point de la route de Barletta, son lieutenant Tardieu allait se porter sur un autre, de façon que le convoi ne pût échapper ni d'un côté ni de l'autre. Le hasard favorisa Bayart, et l'escorte espagnole, surprise et mise en déroute, laissa entre ses mains le trésorier et le trésor. De retour à Minervino, les valises furent déployées et quinze mille ducats roulèrent sur la table. A la vue de cette belle monnaie, Tardieu se mit à maudire la fortune qui lui avait refusé une si riche capture, et s'apercevant que le bon chevalier ne faisait pas semblant d'entendre ses doléances, il prétendit d'un ton délibéré qu'ayant été de l'entreprise il en avait sa part comme lui. » Il est vrai, répliqua Bayart en souriant; mais vous n'avez pas été de la prise, et d'ailleurs, ajouta-t-il pour rabattre son orgueil, n'êtes-vous pas sous mes ordres? Vous n'aurez que ce qu'il me plaira de vous donner. » Le gentilhomme gascon, n'entendant pas raillerie sur cet article, courut porter ses plaintes au lieutenant-général du roi, qui, comme de raison, donna gain de cause à Bayart. Tardieu, tout désappointé, ne put s'empêcher de s'écrier en soupirant : « Vraiment, je suis bien malheureux, car la moitié de cette somme eut suffi pour m'enrichir le reste de mes jours. — Comment? compagnon, reprit Bayart, de cela dépendrait le bonheur de votre vie? Eh bien! ce que vous n'avez pu obtenir de force, je vous le donne de grand cœur; » et sur-le-champ il fit compter sept mille cinq cents ducats à Tardieu, qui ne pouvait en croire ses yeux. Il se jeta tout ému dans les bras de son bienfaiteur, qui imposant silence à ses actions de grâce, lui dit: « Taisez-vous, camarade, je voudrais qu'il fût en mon pouvoir de faire beaucoup mieux que vous. » Il prit ensuite les autres sept mille cinq cents ducats et les distribua entre tous ses hommes d'armes sans en retenir un seul denier. Il n'est pas jusqu'au trésorier espagnol qui n'eût part à sa générosité ; renvoyé sans rançon il partit en remerciant le bon chevalier d'une libéralité si peu commune qu'elle parut inconsidérée à ceux qui n'en eussent pas été capables.

CHAPITRE VII.

Décadence des affaires françaises dans le royaume de Naples. — Faits d'armes de Bayart à la journée de Cerignola. — Il défend à lui seul un pont contre deux cents Espagnols.

1504.

La loyauté de Louis XII et la perfidie du roi d'Aragon, la témérité des généraux français et l'habileté de Gonzalve, changèrent rapidement la face des affaires dans le royaume de Naples. La défaite du maréchal d'Aubigny à Seminara fut le signal de revers plus éclatants encore que la fortune réservait aux Français.

Nemours, par sa négligence, laissa Gonzalve échapper de Barletta, où la famine et la peste allaient consommer sa ruine; puis, reconnaissant sa faute, il se mit à sa poursuite à marche forcée. Il l'atteignit sur le soir au pied des hauteurs de Cerignola, où les Espagnols, mourant de soif et de fatigue avaient prudemment assis leur camp. Les capitaines français, dont les troupes n'étaient pas moins harassées, furent d'avis, les uns de remettre l'attaque au lendemain, les autres de forcer sur-le-champ les ennemis. Le capitaine Louis d'Ars, qui commandait l'avant-garde, insista fortement sur l'heure avancée et la position avantageuse des Espagnols, ajoutant que le délai de la nuit profiterait plus aux Français qu'à leurs adversaires, privés d'eau et de fourrages pour leurs chevaux. « Ceux qui conseillent cela, dit le téméraire d'Alègre, n'en veulent pas tâter! — dans l'occasion et à l'œuvre on connaîtra les bons ouvriers, lui répondit froidement le sage capitaine.

Pendant ces discussions la nuit approchait : Yves d'Alègre, voyant le duc de Nemours incliner à la prudence, s'emporta jusqu'à taxer ce prince de lâcheté. Le fier d'Armagnac sentit bouillonner dans ses veines le sang de Clovis : « Eh bien ! s'écria-t-il hors de lui, vous aurez la bataille, puisque vous la voulez tant, mais j'ai belle peur que ce brave qui traite les autres de poltrons, ne se fie plus à la vitesse de son cheval qu'au fer de sa lance. » Il dit, et donna le signal du combat.

Pendant que les troupes françaises marchaient aux ennemis, un Espagnol armé de toutes pièces et monté sur un superbe coursier, s'avança hors des retranchements, présentant la joûte à tout venant. Bayart ne le fit point attendre et les deux adversaires se joignirent avec une telle violence, qu'ils semblaient devoir se briser l'un contre l'autre. Le bon chevalier atteignit l'Espagnol d'un coup si démesuré, que sa lance en fut brisée jusqu'à la poignée, « et homme et cheval renversés en un monceau dont plus ne se relevèrent. »

Mais le courage ne devait point décider de cette bataille. Engagés témérairement dans des vignes où Gonzalve avait encore ajouté aux difficultés du terrain, les gens d'armes français tombaient sans avoir combattu. Nemours, qui prodiguait sa vie en soldat, tomba lui-même frappé d'un coup de mousquet. La mort du général devint le signal d'un débandement universel; il ne restait qu'une demi-heure de jour lorsque l'attaque avait commencé, et les derniers rayons du soleil éclairèrent la déroute de l'armée française.

D'Alègre, le bouillant d'Alègre, dominé par la fatale prédiction du duc de Némours, s'enfuit des premiers et courut chercher un asile dans Gaëte. Louis d'Ars, couvert de blessures et à pied, rallia seuls quelques hommes autour de lui et fit sa retraite en bon ordre du côté de Vénosa. Tandis que tous les autres capitaines ne songeaient qu'à leur salut, tournant sa bannière vers les pays ennemis, il rentra dans les terres que lui avaient confiées son maître, le comte de Ligny.

Louis XII, à ces fatales nouvelles, envoie la Trémouille, à la tête d'une puissante armée, reconquérir un royaume qu'il lui était plus facile de recouvrer que l'honneur au roi d'Espagne. Mais tandis que le cardinal d'Amboise arrête ses troupes aux environs de Rome, Gonzalve achève ses conquêtes, et enlève les derniers postes qui conservaient aux Français l'entrée du royaume de Naples.

La Trémouille étant tombé malade il fut remplacé par le marquis de Mantoue, et l'armée française, sans confiance dans un chef étranger, s'avança sur les bords du Garigliano. Ce fleuve qui sépare l'Etat ecclésiastique du royaume de Naples devient chaque hiver de l'accès le plus difficile. De son passage dépendait le succès de la campagne, et Gonzalve, maître des postes les plus importants, suivait attentivement, de la rive opposée, les mouvements de l'armée française. Contre son attente, elle parvint à jeter, non loin des ruines de Minturnes, un pont de bateaux dont la possession devint une nouvelle occasion d'escarmouches, de surprises et de perpétuels combats.

Le plus hardi et le plus entreprenant de tous les capitaines espagnols était un petit homme de deux coudées de haut, si bossu et si contrefait, que, lorsqu'il était enfoncé dans sa grande selle d'armes, à peine l'apercevait-on sur son cheval. Don Pedro de Paz, c'était le nom de cet infatigable chevalier, passa un matin le Garigliano à un gué assez éloigné, avec une centaine de cavaliers portant chacun un arquebusier en croupe, et vint tomber à l'improviste sur les derrières du camp des Français. Son plan était d'attirer toute l'armée sur ce point, pendant qu'une autre attaque serait dirigée sur le pont dégarni.

Le bon chevalier, toujours de préférence aux

endroits les plus périlleux, s'était logé tout près du pont avec un de ses fidèles compagnons, Pierre de Tardes, surnommé « le Basco, » gentilhomme de la maison du roi. Au premier bruit de l'attaque, ils furent à cheval, et ils allaient courir où l'on se battait ; lorsque Bayart découvrit de l'autre côté du fleuve deux cents cavaliers espagnols qui accouraient à toute bride. Il n'était resté personne à la défense du pont, et si, comme il paraissait infaillible, les ennemis s'en emparaient, c'était fait de l'armée française. « Monseigneur l'écuyer, mon ami, dit Bayart à son camarade, courez chercher du secours, ou nous sommes tous perdus ; je vais en attendant, tâcher d'amuser l'ennemi jusqu'à votre retour ; mais hâtez-vous. »

Le Basco piqua des deux, et le bon chevalier s'élança, la lance au poing, au devant des Espagnols qui entraient déjà de l'autre côté du pont, prêts à le passer. Comme un lion furieux, il se précipita sur le premier rang, et renversa quatre cavaliers, dont deux tombèrent dans la rivière et ne reparurent plus. Leur capitaine s'avança pour les venger ; mais comme il levait le bras pour le frapper, Bayart lui porta sa javeline sous l'aisselle d'une telle force, qu'elle lui entra plus d'un demi-pied dans le corps, « dont chut à terre et mourut soudainement. » Puis, de crainte d'être pris par derrière, le bon chevalier s'accula à la barrière du pont, et à grands coups d'épée, se défendit si vigoureusement que les Espagnols, « tout ébahis, » ne croyaient pas avoir affaire à un simple mortel. La force prodigieuse et l'intrépidité qu'il déploya dans ce combat inégal, n'exciteraient pas moins le doute que l'admiration de la postérité, si tout ce que Rome nous raconte de son Horatius Coclès, Bayart ne l'eût accompli à la vue des armées de France et d'Espagne.

Bref, par un miracle d'audace qui ne pourrait se renouveler aujourd'hui, il se maintint si longtemps dans cette position, qu'il donna le temps à Pierre de Tardes d'arriver à son secours avec cent hommes d'armes qui eurent bientôt refoulé les Espagnols ; ils les poursuivirent un grand mille au delà du Garigliano, et les eussent chassés beaucoup plus loin, si le bon chevalier apercevant sept à huit cents chevaux ennemis qui accouraient à leur aide, n'eût dit à ses compagnons: « Messeigneurs, c'est assez pour aujourd'hui d'avoir conservé notre pont, retirons-nous et marchons serrés. »

Il resta le dernier pour protéger la retraite et donner le temps aux siens de regagner le pont, tandis qu'il faisait tête aux Espagnols. Mais son cheval harassé de fatigue, pouvait à peine se soutenir, et il se trouva, à une dernière charge, séparé de ses compagnons et jeté dans un fossé. L'animal n'eût jamais la force d'en sortir, et soudain vingt à trente cavaliers environnèrent Bayart en lui criant : « Rendez-vous, rendez-vous, seigneur! » Il combattait toujours, mais à la fin, ne voyant plus aucun des siens : « Messeigneurs, leur répondit-il, il me faut bien rendre, car à moi tout seul je ne saurais vous résister. — Français, êtes-vous gentilhomme? lui dit l'un des plus apparents de la troupe. — Oui certes. — Et quel est votre nom? » Le bon chevalier n'avait garde de se nommer, et il répondit qu'il s'appelait Champion, du pays de Guienne. Les Espagnols, se confiant en leur nombre, l'emmenèrent au milieu d'eux tout armé, l'épée au côté, sans prendre d'autre précaution que de lui ôter la hache qu'il tenait à la main.

Les compagnons de Bayart, dans la chaleur de l'action, ne s'étaient point aperçus de son malheur, et le croyant toujours avec eux, se hâtaient de regagner le pont. Tout-à-coup Bellabre s'écria : « Hé! Messeigneurs, où est-il donc? Nous avons tout perdu; le bon capitaine Bayart est mort ou prisonnier, car je ne le vois point parmi nous! Abandonnerons-nous ainsi celui qui nous a fait recevoir tant d'honneur aujourd'hui, et qui n'a mis sa tête en péril que pour nous? Dieu m'est témoin que, dussé-je y perdre la vie, je retournerai plutôt tout seul que de ne pas savoir de ses nouvelles. Et hâtons-nous de le secourir avant qu'il ne soit reconnu, car tout l'avoir de France ne saurait empêcher les Espagnols de le faire mourir! » Il n'en dit pas d'avantage, tous les hommes d'armes étaient descendus pour ressangler leurs chevaux.

Ils revinrent à bride abattue sur les ennemis, et fondirent sur eux aux cris de « France ! France ! tournez, tournez, Espagnols ! ainsi n'emmènerez-vous la fleur de la chevalerie ! » Ceux-ci, malgré la supériorité de leur nombre, furent surpris d'une attaque aussi vive, et encore qu'ils fissent bonne contenance, beaucoup d'entre eux vidèrent les arçons. Dans ce désordre le bon chevalier abandonna son cheval recru, et sauta, sans mettre le pied à l'étrier, sur un coursier tout frais, dont le maître venait d'être désarçonné. Quand il se vit si bien remonté, il tira son épée et recommença à frapper d'une vigueur nouvelle, en criant : « France ! France ! Bayart, le *champion* Bayart que vous avez laissé aller ! » Les Espagnols, à son nom redouté, connurent la double faute qu'ils avaient faite de lui avoir laissé ses armes et de ne l'avoir pas reçu prisonnier, secouru ou non secouru, car s'il eût baillé sa foi, jamais il ne l'eût faussée. » Le cœur leur manqua et ils prirent la fuite sans être poursuivis par les Français, trop heureux d'avoir recouvré « leur vrai guidon d'honneur. »

Mais quels exploits pouvaient retarder la ruine d'une armée tombée du commandement du perfide marquis de Mantoue sous celui de l'inhabile marquis de Saluces ? Gonzalve surprit bientôt les troupes éparses dans des cantonnements éloignés, et les força à une retraite, qui dégénéra en une déroute complète. Ceux que les maladies et la misère avaient épargnés sur les bords malheureux du Garigliano, se retirèrent du côté de Gaëte sous les ordres d'Yves d'Alègre et du seigneur de Sandricourt.

Quinze hommes d'armes « choisis et tous bien montés, » parmi lesquels se trouvaient messire Roger de Béarn, Pierre de Tardes, Bellabre, Pierre de Bayart, furent placés à l'arrière garde pour soutenir les attaques des avant-coureurs espagnols. Cette poignée de Français, harcelée par toute la cavalerie légère de Gonzalve, non seulement lui résistait, mais souvent la repoussait au loin pour faciliter la marche de l'infanterie et des bagages.

Dans une de ces charges, le cheval de Bayart fut tué sous lui, et il demeura l'épée au poing, sans vouloir se rendre au milieu des Espagnols. Le seigneur de Sandricourt s'en aperçut à temps, et chargea si rudement les ennemis, qu'il arracha le bon chevalier de leurs mains, et lui fit donner un autre cheval. Mais le gros de l'armée de Gonzalve atteignait déjà les Français, et la retraite devenait de plus en plus difficile. Arrivés au pont de Mola di Gaëta, à quelques lieues de cette ville, Bayart et ses compagnons reçurent ordre de tenir ferme pendant que l'artillerie défilerait. D'un côté l'assurance de la victoire, le désespoir de l'autre, rendirent le combat terrible. Le bon chevalier qui « pour mourir, » ne voulait passer le pont, pénétra si avant dans les rangs ennemis, que son cheval fut encore tué, et lui remonté à grand'peine par ses compagnons. Pierre de Tardes moins heureux fut fait prisonnier à ses côtés en se défendant comme un lion. Contraints d'abandonner leur artillerie après un combat aussi long qu'inégal, les Français battirent en retraite à l'autre extrémité du pont. Impatienté de reculer, Bellabre se retourna avec tant de furie contre un cavalier espagnol qui le serrait de trop près, qu'il le jeta d'un coup de lance du haut du pont dans la rivière.

Jusqu'ici la retraite s'était opérée en certain ordre lorsque le bruit se répandit que la route était coupée par l'ennemi. Il ne fut plus possible de contenir les soldats, ils se débandèrent soudain, et s'enfuirent entraînant leurs chefs après eux. Le troisième cheval que Bayart montait de la journée, atteint d'un coup mortel, vint expirer aux portes de Gaëte, qu'on eut à peine le temps de fermer sur les Espagnols.

CHAPITRE VIII.

Louis d'Ars et Bayart se maintiennent seuls pendant six mois dans le royaume de Naples. — Rebellion de Gênes. — Nouveaux exploits de Bayart.

1504 — 1507.

Une capitulation honteuse ne tarda point à livrer cette dernière place à Gonzalve, qui laissa à la misère le soin d'achever les débris de l'armée française épars sur les routes de l'Italie. Louis d'Ars cantonné dans la Pouille, refusa d'accéder à une telle composition, et répondit qu'il saurait mieux garder son honneur et les places que lui avait confiées le roi son maître. En effet, ce brave capitaine secondé de Bayart son ami, résista glorieusement pendant plus de six mois contre toutes les forces espagnoles. Ce qui prouve que l'âme d'un chef devient celle de son armée, et que, comme disait le bon chevalier « vaut mieux une troupe de cerfs commandée par un lion, qu'une troupe de lions sous les ordres d'un cerf. » Mais enfin il fallut céder aux volontés du roi. Louis XII ne voulant point mettre en hasard si peu de gens de bien, manda à son capitaine de faire ses conditions et d'évacuer le royaume de Naples ; « ce qui moult ennuya Louis d'Ars, disant qu'il tiendrait plus de six mois encore contre toute la puissance des Espagnols. » Après avoir obtenu la plus honorable composition et s'être rendu avec ses quatre cents hommes d'armes en pèlerinage à Notre-Dame de Lorette, il se décida à rentrer en France.

Louis XII prodigua à ses braves serviteurs les louanges et les récompenses qu'à bon droit ils méritaient; ils furent payés de tout l'arriéré de leur solde, et rien de ce qu'ils demandèrent ne leur fut refusé. La seule grâce que sollicita Louis d'Ars, fut le rappel d'Yves d'Allègre, auquel, depuis la journée de Cérignola, il avait été défendu de paraître à la Cour. Le roi donna à Bayart « une charge d'écuyer de son écurie, » en attendant qu'il vînt à vaquer une compagnie d'ordonnance.

La mort de la célèbre Isabelle, reine de Castille, changea à cette époque les intérêts des puissances européennes. Ferdinand, affaibli par la perte d'une couronne dévolue à l'archiduc, rechercha l'alliance de Louis XII contre son gendre devenu son rival; et le roi de France, intimidé par les accroissements d'un vassal tel que Philippe, se vit dans la nécessité d'oublier tout ce qui s'était passé en Italie. Germaine de Foix, fille de Marie d'Orléans sœur du roi, fut le gage de cette réconciliation politique, et apporta en dot à Ferdinand la portion du royaume de Naples qui devait revenir à son oncle.

Le pape Jules attendait avec impatience le moment favorable de donner cours à l'ambition dont il était dévoré. Déjà maître des villes de la Romagne par le secours des armes françaises, ses désirs immodérés ne lui inspirèrent d'autre reconnaissance que d'expulser de l'Italie Louis XII son bienfaiteur.

La rébellion d'une cité qui, depuis Charles VI, s'était mise sous la protection de la France, fut le premier essai de son ingrate et désastreuse politique. A l'aide des intelligences qu'il avait conservées dans Gênes, sa patrie, Jules excita le peuple à se soulever contre la noblesse. Les excès d'une populace mutinée ne connurent point de bornes; et la garnison ayant essayé de rétablir l'ordre, les armoiries de Louis XII furent abattues, et ses troupes contraintes à chercher un asile dans les forts de la ville.

Le roi, instruit de la différence qu'il y a entre conduire ses troupes et les confier à des lieutenants, résolut de tirer vengeance en personne de cette rébellion. Il quitte Paris, et arrive à Lyon dès les premiers jours de mars 1507.

Bayart se trouvait alors dans cette ville, fort incommodé de la fièvre quarte et des suites d'une blessure qui avait failli lui coûter le bras. C'était un coup de pique négligé au milieu du tumulte des camps, et dégénéré en un ulcère dangereux et profond, qui réclamait tous les soins du célèbre médecin Champier, son parent et son ami. Celui-ci voyait avec crainte le bon chevalier, à peine convalescent, décidé à partir par une saison rigoureuse, et employait conseils et prières pour le retenir encore quelque temps. Mais ses considérations médicales comme ses autres représentations furent inutiles ; en moins de deux jours ses équipages furent prêts, et Bayart fit telle diligence qu'ayant franchi les Alpes il se trouva un des premiers à l'avant garde.

Parvenu à deux milles de Gênes, Louis assembla ses principaux capitaines pour décider de quelle manière on attaquerait la ville, dont les approches étaient défendues par une montagne hérissée de redoutes et de bastions de l'aspect le plus formidable. Les avis furent partagés : les uns prétendirent que ces retranchements couvraient un corps d'armée considérable qu'on essaierait en vain de forcer dans une pareille position ; les autres soutinrent que ce n'était que canaille qui s'enfuirait au premier choc. Le roi regardant le bon chevalier, lui dit : Bayart que vous en semble ? — Sur ma foi, Sire, je ne saurais encore qu'en dire ; mais s'il vous plaît me permettre d'aller voir ce qui se passe là haut, avant qu'il soit une heure, si je ne suis mort ou pris, je vous en aurai rendu bon compte. — Je vous en prie, répondit le roi, car telle affaire ne peut être remise en meilleure main. »

Bayart fit incontinent sonner l'alarme, et partit suivi de plus de cent gentilshommes, ses amis et ses compagnons. Chabannes de La Palice fut chargé de les soutenir avec une bande de gens de pied ; mais il les suivit de si près qu'il arriva en même temps qu'eux au bas de la montagne.

Bayart commença le beau premier à gravir le coteau, dont la pente était tellement à pic, qu'il fallait à chaque pas se tenir aux buissons et marcher des mains et des pieds. « Capitaine Maugiron, dit-il gaiement à son compatriote, venez avec moi, car nous autres sommes d'un pays où les jambes sont agiles et légères à gravir les montagnes ; avançons, et plaise à Dieu que le bras soit aussi bon que le pied ! » Nonobstant un feu terrible d'artillerie, les pierres et les traits qui tombaient menu comme gouttes de pluie, ils parvinrent au premier bastion.

« France ! France ! cria Bayart. Allons, marchands, laissez là piques et lances, et défendez-vous avec vos aunes. » Les Génois répondirent par une décharge à brûle pourpoint qui jeta quelque désordre parmi les assaillants. Mais le bon chevalier les rallia promptement, et les ramena à la charge en frappant à tour de bras sur les ennemis. Après une résistance longue et meurtrière, les Français pénétrèrent dans la première enceinte : ils allaient s'engager témérairement à la poursuite des Génois qui fuyaient par les détours de la montagne, lorsque Bayart leur cria : « Messeigneurs, arrêtez ! allons droit au fort ; possible est-il qu'il soit encore des gens dedans qui nous pourraient couper. » Chacun obéit, et l'évènement justifia la prudence du bon chevalier. Il se trouva dans le fort environ trois cents hommes qui firent d'abord bonne contenance, mais enfin déguerpirent, poursuivis par les Français jusqu'aux portes de la ville.

Lorsque les habitants de Gênes virent flotter l'étendard aux fleurs de lis sur le haut de ces retranchements, dans lesquels ils avaient mis tout leur espoir, ils perdirent courage, et n'opposèrent plus qu'une faible résistance. Deux jours après ils se rendirent à merci, et reçurent en habits de suppliants le roi de France, qui fit son entrée dans Gênes le 20 avril 1508, à cheval, l'épée à la main, suivi de toute son armée en ordre de bataille. Louis justifia par sa clémence la devise à la fois ingénieuse et sublime qu'on lisait sur sa cotte d'armes parsemée de ruches d'abeilles : *Non utitur aculeo Rex cui paremus.* Il se contenta de faire payer les frais de son armement, et pardonna aux révoltés, à la réserve de leurs chefs, dont les têtes payèrent pour tous.

Ferdinand le Catholique, se trouvant à cette époque à Naples avec la reine, sa femme, fit demander une entrevue à Louis XII. Ces deux princes se réunirent à Savone et eurent ensemble plusieurs conférences, dont les évènements révélèrent plus tard le secret.

CHAPITRE IX.

Ligue de Cambrai. — Bataille d'Agnadel. — Siège de Padoue.
1508 — 1509.

L'année suivante, il se forma à Cambrai une ligue générale contre la république de Venise dont l'orgueil poussé à l'excès semblait braver tous les rois ses voisins. Louis, écoutant plus de vains ressentiments que ses véritables intérêts, s'engagea dans une expédition dont les dangers et les frais furent encore pour lui et les profits pour ses alliés.

Au mois de mars 1509, Louis XII commençait à faire passer ses troupes dans le Milanais, lorsqu'il fit mander notre bon chevalier et lui dit : « Bayart, nous allons guerroyer contre les Vénitiens, et je veux que dans cette expédition vous commandiez, outre une compagnie de trente hommes d'armes que je vous donne dès à présent, une bande de mille piétons. — Sire, répliqua Bayart, c'est à vous de commander et à moi d'obéir ; mais vraiment c'est trop pour mon savoir, et si vous voulez bien permettre que je n'en aie que cinq cents, je vous jure de les choisir si bien qu'ils vous rendront plus de services que mille. — J'y consens, reprit le roi, et le bon chevalier, après l'avoir remercié, se hâta de prendre la route du Dauphiné. C'était en sa province à qui servirait sous le bon capitaine Bayart; aussi sa compagnie fut-elle bientôt complétée, et il arriva des premiers dans le Milanais.

Louis XII, après avoir fait solennellement déclarer la guerre au sénat vénitien par le héraut-d'armes Mont-joie, s'avança sur les bords de l'Adda, où l'attendait l'armée de la République sous les ordres de ses deux plus renommés capitaines, Nicolas Orsini, comte de Pitigliano, et Barthélémi Alviano.

L'armée française passa le lendemain cette rivière sans éprouver d'obstacles de la part des généraux de la République, qui avaient reçu l'ordre de temporiser sans hasarder un combat décisif. Leur timidité augmentant la confiance de Louis, il résolut de se porter sur Vaila et de tourner les Vénitiens, ou de les attirer à une bataille. Les deux armées s'efforçaient par deux routes parallèles de se devancer à ce poste important, lorsqu'elles se rapprochèrent tellement entre Pandino et Agnadel, le 15 mai 1509, qu'un engagement parut inévitable. Alviano, qui commandait l'arrière-garde, prenant son parti avec l'audace qui le caractérisait, chargea les Français si rudement, qu'il les arrêta et les mit en désordre. Mais le roi étant accouru sur le lieu du combat, la Trémouille le montra de la main aux soldats en leur criant : « Enfants, le roi vous voit, » et en un instant le passage fut emporté.

Pendant ce temps là, Bayart, à la tête d'une partie de l'arrière-garde, traversait des marais, l'eau jusqu'à la ceinture, en détournant sur les Vénitiens. Il vint leur tomber si brusquement en flanc, que la frayeur s'empara d'eux et qu'ils se débandèrent sans plus écouter la voix de leur général. Bientôt la déroute fut complète, et Alviano, couvert de sang et de blessures, fut forcé de se rendre, en cherchant vainement à rallier ses troupes. Pitigliano, jugeant plus à propos de sauver que de compromettre le reste de l'armée battit en retraite, « plus vite que le pas. »

Le premier soin de Louis XII fut de remercier Dieu sur le champ de bataille, de la victoire qu'il venait de lui accorder, puis, selon l'antique usage d'armer chevaliers ceux qui s'étaient distingués dans la journée. Un compatriote de Bayart, messire Jaffrey Charles, qui ne s'était point dispensé, en sa qualité de président au parlement de Grenoble, de services plus périlleux, eut l'honneur de recevoir l'accolade de la main du roi et de réunir en sa personne les deux titres de chevalier d'armes et de lois.

Profitant de ses avantages, Louis recouvra tout le territoire qu'avait jadis usurpé la république de saint Marc sur le duché de Milan ; mais il s'en tint de bonne foi au partage fait à Cambrai, borna là ses conquêtes et remit à ses alliés les clés des autres villes, que de tous côtés lui apportaient les habitants.

Cependant il régnait dans Venise une consternation et un désespoir d'autant plus grand que ces républicains s'étaient nourris dans une longue et constante prospérité. Abandonnés de tous leurs alliés, ils s'abandonnèrent eux-mêmes, et c'était fait de cette antique cité, si la politique de Jules et l'inertie de Maximilien ne fussent venus à son secours. Le pape, jaloux des progrès de la France, s'employa secrètement à l'aide des Vénitiens, et l'empereur, après avoir dissipé en folles dépenses les subsides des confédérés, ne put jamais parvenir à mettre une armée en campagne. Indigné de ces retards, le roi, dont la santé exigeait l'air natal, ne tarda pas à reprendre la route de France.

L'empereur ne sachant pas même garder ce qu'on lui avait mis entre les mains, laissa bientôt les Vénitiens reprendre la ville de Padoue. La nouvelle du massacre de sa garnison le tira pourtant de son indolence; il jura d'en tirer une vengeance éclatante, il rassembla autant de troupes que le lui permit l'état ordinaire de ses finances et fit demander des secours aux princes confédérés. Tout en accusant Maximilien de négligence, Louis ne crut pas devoir lui refuser cinq cents lances, qu'il mit pour trois mois à sa disposition, sous la charge du seigneur de La Palice.

La première personne que ce brave capitaine rencontra sur la place en sortant du château de Milan, où il venait de recevoir les ordres du roi, fut le bon chevalier. « Mon compagnon, lui dit-il, après lui avoir expliqué l'objet de sa commission, voulez-vous pas que nous soyons de compagnie? — Bien volontiers, » reprit Bayart qui n'était pas homme à refuser une telle proposition et surtout de sa part. Son exemple détermina à se joindre à l'entreprise, en qualité de volontaires, plus de deux cents gentilshommes, parmi lesquels on remarquait le jeune Bussy d'Amboise, dont l'intrépidité s'était déjà fait connaître, et les seigneurs de Bonnet et Myport, amis et dignes frères d'armes du bon chevalier.

A la tête de cette brillante noblesse, qui doublait le secours qu'avait demandé l'empereur, La Palice s'avança à marche forcée sur Vérone. Les Vénitiens étaient déjà sous les murs de cette ville, dont, une fois maîtres, il eût été difficile de les chasser; mais dès qu'ils aperçurent les coureurs de l'armée française commandés par Bayart, ils se retirèrent à Vicence, et délivrèrent « d'une belle peur » l'évêque de Trente, gouverneur de la place. Chabannes de La Palice poursuivit l'armée de la République au delà de Vicence, et ne s'arrêta qu'à seize milles de Padoue, dans le bourg de Castel Franco, pour y attendre des nouvelles de Maximilien.

Ce prince descendit enfin lui-même dans le Vicentin, avec une armée qui, grâce aux renforts qu'elle reçut de tous côtés, ne tarda pas à devenir formidable; son artillerie, la plus nombreuse que l'on eût encore vue en Europe, était composée de plus de cent pièces, mais la plupart si lourdes et si mal servies que leur effet était moins redoutable que leur apparence.

Les armées réunies s'avancèrent aussi rapidement que le permettaient les immenses équipages de l'empereur, et le désordre qui régnait parmi ses lansquenets, milice ramassée à la hâte dans les cercles germaniques. Elles vinrent camper proche d'un palais, à huit milles de Padoue. On régla dans ce camp les opérations du siége; il fut décidé que l'on commencerait par s'emparer des places environnantes, et que les gens d'armes français et les lansquenets du prince d'Anhalt, l'élite des troupes allemandes, feraient les approches de Padoue.

Enfin, le 15 septembre 1509, Maximilien mit le siége devant cette ville, après avoir laissé passer la belle saison, et donné aux Vénitiens le loisir de la fortifier et de la rendre imprenable à une armée double de la sienne. Vingt-cinq mille hommes, la fleur des troupes de la République, toute la jeune noblesse de Venise, s'étaient enfermés dans cette place, « la filleule chérie de Saint-Marc. » Cette puissante garnison avait pour chef le comte de Pitigliano, surnommé le Fabius vénitien, et pour officiers subalternes, l'élite des capitaines de l'Italie.

Maximilien, renonçant à investir une aussi vaste cité, se réduisit à y pratiquer avec son artillerie une brèche assez large pour l'emporter d'assaut. Il fut donc résolu dans le conseil de guerre que l'on approcherait le canon sous les murs de la ville; mais le plus difficile était de l'exécuter. Cette dangereuse commission fut donnée au bon chevalier, qui l'accepta comme une faveur. Suivi des capitaines. La Claytte et la Cropte, du jeune seigneur de Bussy et du prince d'Anhalt, il assaillit si rudement la première barrière, qu'à travers les coups de canon et d'arquebuse il en chassa les ennemis, qui se retirèrent dans la seconde. Celle-ci fut défendue avec plus d'acharnement encore ; Bussy d'Amboise eut son cheval tué et le bras percé d'un coup de feu, sans qu'il fût possible de lui faire quitter la partie.

Le capitaine d'Alègre survint fort à propos avec ses aventuriers, dont l'intrépidité et l'audace eurent promptement rétabli l'équilibre. Enfin, après un assaut de plus d'une demi-heure, cette seconde barrière fut forcée ; les Vénitiens, poursuivis l'épée dans les reins, n'eurent pas le temps de se loger dans la troisième, et se refugièrent en désordre dans la quatrième. Ils y trouvèrent douze cents hommes d'armes de troupes fraîches, trois fauconneaux et force arquebusiers. A la vue de leurs remparts, qui n'étaient qu'à un jet de pierre, les Vénitiens, redoublant de courage, résistèrent opiniâtrément. L'assaut durait depuis une heure, et devenait de plus en plus meurtrier, lorsque le bon chevalier, commençant à s'impatienter, dit à ses compagnons : « Messeigneurs, ces gens nous amusent trop longtemps, descendons à pied, et finissons-en avec cette barrière ! » Au nombre de trente ou de quarante hommes d'armes, la visière levée et la pique à la main ils s'avancèrent à bouts touchants. Le vaillant prince d'Anhalt, le baron de Milhau, les capitaines Grand-Jean-le Picard et Maulevrier ne quittaient pas Bayart, et frappaient tous à l'envi.

Le bon chevalier s'apercevant que les troupes vénitiennes se renouvelaient à chaque instant, se mit de nouveau à dire : « Messeigneurs, ils nous tiendront six ans ici sans rien faire ; suivez-moi, et donnons leur un dernier assaut. — Allons capitaine ! répondirent-ils. — Sonne, trompette, » cria Bayart en se précipitant sur les ennemis, qui cette fois reculèrent de la longueur d'une pique de l'autre côté de la barrière. « En avant, compagnons, ils sont à nous ! » et en disant ces mots, le bon chevalier, comme s'il eût eu plusieurs vies à perdre, franchit la barrière, et une vingtaine des siens après lui. Ils eussent fini par être accablés sous le nombre, si les aventuriers, voyant la dangereuse position où s'étaient mis ces intrépides gens d'armes, ne fussent venus les rejoindre par le même chemin. Aux cris de *France ! France ! Empire ! Empire !* ils poussèrent si rudement les Vénitiens, que ceux-ci, contraints à abandonner leur dernier retranchement, s'enfuirent en désordre dans la ville. Le succès de cette entreprise couvrit de gloire les Français; mais chacun avoua que le principal honneur de l'œuvre appartenait à celui qui l'avait dirigée et mis à fin.

CHAPITRE X.

Continuation du siége de Padoue. — Courses et prises du bon chevalier. — Levée du siége.

1509.

La garnison de Trévise, place du voisinage tenue par les Vénitiens, ne cessait, durant le siége, de donner de continuelles alarmes au camp de l'empereur et de seconder les sorties des assiégés. Deux ou trois fois la semaine elle se mettait en campagne, sous la conduite de son entreprenant gouverneur, Lucio Malvezzi. Rencontrait-il l'occasion, le capitaine vénitien savait en profiter; mais en cas de résistance il trouvait toujours le moyen de se retirer sans perdre un seul homme. Il revint si souvent à la charge, il fit tant parler de lui, qu'à la fin le bon chevalier se fâcha et mit tout doucement ses espions aux champs. Il les payait de façon qu'il pouvait compter sur leur activité à l'instruire des allées et venues de Lucio Malvezzi. Sur le rapport de l'un d'eux, il fit un jour son plan, et le communiqua à deux de ses compagnons qui logeaient avec lui, les seigneurs de la Claytte et de La Cropte. Ceux-ci acceptèrent de grand cœur l'occasion de prendre revanche des insultes du Vénitien, et répondirent à Bayart qu'ils le suivraient partout où il voudrait.

Ils partirent par une nuit obscure du mois de septembre, faisant prudemment marcher devant eux l'espion entre quatre archers, après lui avoir promis une forte récompense s'il les conduisait bien, et la mort en cas de trahison. A la pointe du jour, ils s'arrêtèrent à dix milles de leur camp, près d'un palais environné de hautes murailles. « Monseigneur, dit l'espion au bon chevalier, il faut vous cacher en ce logis, que la guerre a fait abandonner à ses habitants, et attendre sans être vu le capitaine Malvezzi qui ne peut éviter de passer devant, en sortant de Trévise, pour courir sur votre camp, »

Ils entrèrent dans le château, ou ils restèrent plus de deux heures à attendre. Enfin on aperçut du haut d'un colombier Malvezzi s'avançant avec environ cent hommes d'armes, l'armet en tête, et près de deux cents Albanais sous la conduite d'un capitaine nommé Scanderberg. Le bon chevalier recommanda le plus profond silence et laissa passer outre les Vénitiens, qui marchaient bon train, en gens de résolution. Bayart dit alors à ses compagnons : « Messeigneurs, il y a dix ans qu'il ne s'est présenté aussi belle aventure ! Les ennemis sont deux fois autant que nous ; mais nous ne sommes pas gens à nous inquiéter de si près ; mettons-nous à leurs trousses. — Marchons, marchons, » répétèrent à l'envi les Français en sortant au grand trot du château.

A un mille de là, ils découvrirent devant eux les Vénitiens au beau milieu d'un grand chemin ; aussitôt le bon chevalier commanda à ses trompettes de sonner de tous leurs poumons. Les capitaines ennemis crurent à ce bruit que c'étaient quelques-uns des leurs qui venaient les rejoindre, et s'arrêtèrent pour les attendre. Détrompés bientôt, à leur étonnement se joignit la disgrâce de se trouver enfermés entre le camp de l'empereur et la troupe qui arrivait sur eux ; toutefois ils se rassurèrent un peu en reconnaissant le petit nombre de leurs adversaires. Lucio Malvezzi s'efforça d'encourager ses gens d'armes, en leur remontrant que, puisqu'il ne leur restait aucun moyen de fuir, nécessité était de vaincre ou de périr. En effet il paraissait impossible à des cavaliers pesamment armés de franchir les fossés aussi larges que profonds qui bordaient de chaque côté la route. Les deux troupes se joignirent au son des trompettes et aux cris de France ! France ! Empire ! Empire ! Marco ! Marco ! Ce premier choc fut très-rude ; chacun fit de son mieux, entre autres le seigneur Bonnet, qui d'un coup de lance, perça d'outre en outre un homme d'armes vénitien.

Les Albanais, laissant leur gendarmerie aux prises s'écartèrent à pas de loup du chemin, pour venir prendre les Français en queue. Mais Bayart, s'étant aperçu de leur manœuvre, les avait recommandés au seigneur de La Cropte. Aussi furent-ils reçus de façon qu'il en demeura une douzaine sur la place, et que le capitaine Scanderberg et les autres tirèrent au large plus vite que le vent. Le bon chevalier en finit promptement avec les hommes d'armes vénitiens, et bientôt il n'y eut plus que des prisonniers à faire. Pour Lucio Malvezzi, suivi d'une trentaine des mieux montés, il franchit les fossés, et s'enfuit du côté de Trévise. Les Français auraient perdu leur peine à poursuivre des gens qui avaient des chevaux si légers et de si bons éperons. Ils reprirent la route de leur camp avec deux enseignes et plus de prisonniers qu'ils n'étaient d'hommes.

Comme ils approchaient des ligues de Padoue, l'empereur qui se promenait aux environs, apercevant un gros nuage de poussière, envoya un gentilhomme de sa maison s'informer de ce que c'était. Dès qu'il le lui eut rapporté, Maximilien s'avança plein de joie au-devant de la troupe, combla de louanges tous les capitaines, et s'adressant au bon chevalier : « Seigneur de Bayart, lui dit-il, votre maître, le roi mon frère, est bien heureux d'avoir un tel serviteur que vous ; je voudrais, au prix de cent mille florins de rente, en avoir une douzaine de votre sorte. » Le bon chevalier le remercia avec modestie, en l'assurant que tant qu'il serait l'allié de son maître, il n'aurait point de serviteur plus dévoué que lui.

Trois ou quatre jours après cette course, Bayart,

fut de nouveau averti par un de ses espions que
le capitaine Scanderberg, avec ses Albanais et
quelques arbalétriers à cheval, sous les ordres de
Rinaldo Contarini, noble vénitien, s'étaient retirés
dans un château nommé Bassano ; de là, ils re-
commençaient leur métier aux dépens de ceux qui
arrivaient au camp, ou qui s'en retournaient chez
eux avec leur butin. Récemment encore, ils venaient de tailler en pièces plus de deux cents lansquenets, et leur avaient enlevé environ cinq cents
bêtes à cornes qu'ils emmenaient en Allemagne.
L'espion se fit fort auprès de Bayart de l'embus-
quer dans un défilé au pied des montagnes, où
il ne pourrait manquer de les rencontrer. Sachant
que les Vénitiens n'étaient pas plus de deux cents
chevaux-légers, Bayart résolut de n'entreprendre cette
expédition qu'avec ses trente hommes d'armes et
huit ou dix gentilshommes qui le suivaient en qualité
de volontaires.

Un samedi du même mois, ils montèrent à cheval
une heure avant le jour, et firent bien quinze
milles pour arriver jusqu'au défilé. A peine venaient-
ils de se mettre en embuscade à une portée du
canon du château, qu'ils entendirent, à leur grande
satisfaction, la trompette des Albanais sonner le
boute-selle. Bayart les laissa sortir du château,
d'où ils descendirent gaiement, comptant sur une
journée aussi bonne que les précédentes. Lorsqu'ils

furent à une certaine distance, il posta à l'entrée d'un pont de bois sur lequel les Albanais étaient obligés de repasser, quelques archers aux ordres des seigneurs de Bonnet, Mypont, et Petit-Jean de la Vergne. A la tête du reste de sa troupe, le bon chevalier alla prendre position derrière une colline d'où l'on découvrirait toute la plaine à six milles de là. Ayant appelé Du Fay, son guidon, il lui dit : « Capitaine, prenez une vingtaine de vos archers, et allez escarmoucher avec ces gens sur la route de Vicence. Attirés par votre petit nombre, ils vous chargeront hardiment ; feignez d'avoir peur, et amenez-les en reculant jusqu'ici, je vous attendrai derrière cette côte et vous verrez beau jeu. »

Du Fay ne se le fit pas répéter, et marcha droit aux Albanais. Le capitaine Scanderberg eut bientôt reconnu les Français à leurs croix blanches, et, ravi de cette rencontre, les chargea avec confiance. Du Fay contrefit l'homme épouvanté et battit en retraite ; les Albanais le poursuivirent, et, tête baissée, se précipitèrent dans l'embuscade. Bayart et ses gens les reçurent la lance en arrêt, et du premier choc en jetèrent plus de trente par terre. Les Albanais, surpris, n'opposèrent qu'une faible résistance, et s'enfuirent sur la route du château. Les Français les accompagnèrent de leur mieux, mais ils étaient si bien montés que le bon chevalier eût perdu sa proie sans Bonnet et Mypont, qui barrèrent le passage aux ennemis. Il fallait combattre ou fuir à travers champs ; Scanderberg et Rinaldo choisirent ce dernier parti ; mais ils furent cernés de telle sorte que les deux capitaines, trente arbalétriers et plus de soixante Albanais tombèrent entre les mains des vainqueurs.

Bayart dit à ses compagnons : « Messeigneurs, ce n'est pas assez, il nous faut maintenant avoir le château et le butin qu'il renferme pour nos gens. — A merveille, répondirent-ils, mais comment en venir à bout sans artillerie ? — Eh bien ! moi, je connais le moyen de l'avoir avant un quart d'heure. » Il ordonna d'amener les deux capitaines, et leur dit : « Choisissez, de me faire rendre cette place à l'instant, ou d'avoir à l'heure même la tête tranchée devant la porte. » Ils répondirent qu'il ne tiendrait pas à eux qu'il ne fût contenté ; et de fait, le commandant, neveu de Scanderberg, abaissa le pont-levis dès que son oncle lui eût parlé. Bayart trouva dans ce château plus de cinq cents bêtes à cornes et quantité d'autre butin, qui fut également réparti entre tous les archers. Les provisions de tout genre abondaient, et pendant que leurs chevaux repaissaient, les Français se mirent eux-mêmes à dîner. Après le repas ils remontèrent à cheval, envoyèrent vendre le bétail à Vicence et conduisirent leurs prisonniers au camp, où ils ne furent pas

5

moins bien reçus qu'au retour de leur précédente expédition.

Nonobstant la trahison et le désordre qui régnaient dans l'armée impériale, l'artillerie était parvenue à ouvrir dans les murailles de Padoue une brêche de quatre à cinq cents pas. Maximilien, accompagné des seigneurs allemands étant allé un matin la reconnaître, la trouva si spacieuse, qu'il se reprocha de n'avoir pas encore livré l'assaut. De retour à son quartier, qui n'était cependant qu'à un jet de boule de celui du seigneur de La Palice, il lui fit écrire une lettre par laquelle il l'invitait à faire tenir prêts tous les gentilshommes français sous sa charge, pour monter le jour même à l'assaut avec ses piétons. La Palice, fort étonné que l'empereur eût pris une résolution aussi importante sans l'avoir consulté, se contenta de lui répondre qu'il allait assembler ses compagnons pour leur faire part de sa lettre et de ses intentions. Il les réunit immédiatement en son logis, où la dépêche de Maximilien fut lue et relue pour être mieux comprise. Chacun donna son avis, à l'exception de Bayart, qui, le premier à frapper, était toujours le dernier à parler dans les conseils. Enfin sur les instances du seigneur de La Palice, forcé de s'expliquer, il prit la parole en ces termes : « L'empereur mande en sa lettre que vous fassiez mettre à pied tous les gentilshommes qui sont sous votre charge, pour monter à l'assaut avec ses piétons. N'en déplaise à sa Grâce, c'est faire, ce me semble, trop petit état de la noblesse française que de la vouloir mêler et confondre avec ces gens d'état et de métier ; mais il a force seigneurs et barons allemands, qu'il les fasse mettre à pied avec les gens d'armes de France et nous leur montrerons volontiers le chemin.

L'avis du bon chevalier réunit tous les suffrages, et cette réponse fut envoyée à l'empereur, qui la trouva fort convenable. Aussi les trompettes appelèrent à sa tente les princes et les seigneurs tant de l'Allemagne que de Franche-Comté et du Hainaut. Maximilien leur déclara l'intention où il était de donner dans une heure l'assaut à la ville, et la réponse générale que les seigneurs de France avaient faite à son invitation. Il les priait donc et les suppliait de mettre pied à terre avec eux, et de les suivre à la brèche. A peine l'empereur avait-il fini de parler, qu'il s'éleva parmi les Allemands une rumeur générale qui dura plus d'une demi-heure avant de s'apaiser. Ensuite un d'entre eux lui répondit, au nom de tous, qu'ils n'étaient point gens à se mettre à pied pour monter à la brèche, et qu'ils n'étaient tenus qu'à combattre à cheval et en gentilshommes. Maximilien n'en put obtenir d'autre réponse ; dissimulant son indignation, il chercha à sauver du moins les apparences, et il fit dire par un de ses gentilshommes à La Palice, qu'une plus exacte reconnaissance de la brèche l'obligeait à remettre l'assaut à un autre jour.

Le courroux de l'empereur ou son impatience accoutumée lui suggérèrent une étrange résolution : il abandonna un matin le camp, suivi de cinq à six cents de ses plus affidés serviteurs, et ne s'arrêta qu'à Vérone. De là, il manda au seigneur Constantin Cominatès, son lieutenant-général, et à La Palice, de lever le siége le moins honteusement qu'il leur serait possible. Également surpris de cette façon d'agir, les deux capitaines n'eurent plus qu'à régler les opérations de la retraite. Grâce au dévouement et à l'activité des Français, elle s'effectua sans qu'il y eût un seul homme et un seul canon de perdu. Seulement on ne put empêcher les lansquenets de mettre le feu à leurs logements et à tout ce qui se trouva sur leur route. Le bon chevalier, qui avait en horreur de semblables excès, fit rester dans un beau logis qu'il avait occupé durant le siége, sept ou huit de ses hommes d'armes jusqu'après le départ de ces boute-feu.

De retour en Allemagne, Maximilien ne songea plus à ses nouvelles acquisitions. Il ne resta dans le Vicentin et le Véronèse que cinq à six mille lansquenets, débris de l'armée impériale, insuffisants pour contenir une population guerrière et vindicative. La Palice revint, selon les ordres du roi, prendre ses quartiers d'hiver dans le Milanais, après avoir, sur les instances des lieutenants de l'empereur, laissé dans Vérone deux cents hommes d'armes sous la conduite de Bayart.

CHAPITRE XI.

Le bon chevalier se tire avec honneur d'une embuscade. — Il en découvre une seconde et prend loyalement sa revanche.

1509.

La garnison allemande de Vicence, dans l'impuissance de garder cette place contre les troupes de la République, ne tarda pas à se réfugier dans Vérone. Enhardie par sa retraite, l'armée Vénitienne s'avança jusqu'à San-Bonifacio, à onze milles de cette dernière ville, où elle comptait de nombreux partisans. L'hiver commençait à devenir rigoureux, et les fourrages de plus en plus rares ; la garnison était obligée de les aller chercher au loin, et il n'était pas de jour que les ennemis ne lui enlevassent des hommes et des chevaux. On donna des escortes aux fourrageurs, et les rencontres n'en devinrent que plus vives. Un capitaine Vénitien, aussi rusé qu'entreprenant, nommé Jean-Paul Manfroni, fatiguait surtout les troupes allemandes et françaises, et venait à chaque instant faire des courses jusqu'aux portes de Vérone. Le bon chevalier résolut d'escorter lui-même les fourrageurs à leur première sortie, et de jouer à ce capitaine Manfroni quelque tour de vieille guerre. Mais l'exécution de son projet ne put être si secrète que le Vénitien n'en fut informé à point par un espion qu'il entretenait dans le logis même de Bayart.

Un jeudi matin, les fourrageurs partirent escortés par trente ou quarante archers que commandait le brave lieutenant Pierre Pont, et s'écartèrent, comme d'ordinaire, dans la campagne pour faire leurs provisions. Le bon chevalier, se croyant maître de son secret, était allé se poster avec cent hommes d'armes, dans un village nommé San-Martino, à six milles de Vérone, sur la grande route. Ses coureurs n'allèrent pas bien loin sans découvrir environ cinq cents cavaliers ennemis qui marchaient sur les fourrageurs. Le bon chevalier, tout joyeux et sans regarder au nombre, fit monter sa troupe à cheval, et s'avança à leur rencontre. Il les eut bientôt rejoints, et se mit en devoir de les charger ; mais les Vénitiens ne l'attendirent pas, et s'enfuirent devant lui en tirant sur la gauche de la route. Parvenus à une certaine distance, soudain ils s'arrêtèrent, et tinrent ferme aux cris de Marco ! Marco ! Six cents hommes de pied, armés de piques et d'arquebuses, sortent à ce signal des ruines d'un ancien palais, et les Français sont assaillis par un feu terrible. Bien averti par son espion, Manfroni les avait placés là de grand matin, et comptait avec tant de monde avoir bon marché du capitaine Bayart.

A la première décharge des ennemis, son cheval fut tué, et le bon chevalier fit une chute si malheureuse, qu'il se trouva une jambe prise dessous sans pouvoir la retirer. Ses hommes d'armes, qui, pour mourir, ne l'eussent abandonné, chargèrent en désespérés les ennemis, pendant qu'un d'eux nommé Grandmont, s'efforçait de dégager son capitaine. Accablé par le nombre, il ne put l'arracher de leurs mains, et il allait partager son sort. Mais, au bruit du combat, le capitaine Pierre Pont, laissant ses fourrageurs, arrivait à bride abattue; on emmenait déjà hors de la mêlée les deux prisonniers, lorsque l'intrépide neveu de Bayart, reconnaissant son oncle au milieu des ennemis, chargea avec tant de furie sur ceux qui le retenaient, qu'il les força à lâcher prise et à se rabattre en désordre sur leur troupe. Le bon chevalier, remonté, courut au secours de ses gens qui étaient vivement pressés en tête et en queue. A la vue de leur capitaine et de Pierre Pont, ils reprirent courage; cependant les Vénitiens étaient quatre contre un, sans compter l'avantage de leurs arquebuses, et les Français auraient fini par succomber dans ce combat trop inégal. « Pierre Pont, dit le bon chevalier, si nous ne gagnons le grand chemin, nous resterons tous ici ; mais si nous y parvenons, avec l'aide de Dieu, nous leur échapperons. » Là-dessus ils commencèrent à se retirer, toujours en combattant, vers le grand chemin, où ils ne parvinrent qu'après des efforts extraordinaires. Quand le bon chevalier et ses gens se trouvèrent sur la route de Vérone, ils se formèrent en escadron carré, et battirent en retraite au petit pas, se retournant de distance en distance, sans se laisser serrer de trop près par la cavalerie ennemie. Mais ils avaient toujours en flanc ces arquebusiers dont les décharges étaient si meurtrières, qu'à chaque instant Bayart voyait quelqu'un de ses hommes d'armes démonté. Il se trouva lui-même à terre une seconde fois. Les Vénitiens se précipitèrent en foule sur lui ; mais il se défendit si bien à grands coups d'épée, qu'il donna le temps à son guidon, Du Fay, de le venir dégager et de le remettre en selle. Les Français continuèrent leur retraite en bon ordre, et se trouvèrent enfin à San-Martino, d'où ils étaient partis le matin, comptant sur une meilleure, mais non sur une plus glorieuse journée.

Manfroni, reconnaissant qu'ils étaient désormais à l'abri de ses arquebusiers, et qu'ils pouvaient être secourus de Vérone, fit sonner la retraite. Il reprit la route de San-Bonifacio en faisant défiler ses gens de pied devant lui ; mais rendus de lassitude et de fatigue après cinq heures de combat, ils refusèrent d'aller plus loin qu'un petit village à quatre ou cinq milles de là. Jean Paul Manfroni, voyant qu'ils ne l'écoutaient plus, poursuivit son chemin avec ses hommes d'armes, le cœur plein de rage d'avoir échoué contre un si petit nombre de Français.

Le bon chevalier et les siens ne songeaient qu'à souper du mieux qu'ils pouvaient à San-Martino, lorsque survint un espion qui leur apprit ce qui venait de se passer entre Manfroni et ses arquebusiers. « Sur ma foi, s'écria Bayart, ce sont nos hommes. Mes amis voici une belle occasion de prendre notre revanche ! Faisons repaître nos chevaux, et sur les trois heures, nous irons les réveiller au clair de la lune. » Il était certain de ne pas éprouver de refus. Nos Français remontèrent à cheval et parvinrent, sans rencontrer âme qui vive, jusqu'au milieu du village où s'étaient arrêtés les arquebusiers. Réveillés à l'improviste par le son des trompettes et les cris de guerre, les pauvres piétons ne sortaient à moitié endormis des maisons que pour être assommés les uns après les autres. Il n'y eût d'épargnés et de mis à rançon que leur capitaine et deux autres gentilshommes. Enfin, le désastre fut si complet, que les Vénitiens s'en prirent à Jean Paul Manfroni, qui eut assez de peine à se justifier auprès du provéditeur André Gritti, et qui jura que Bayart lui paierait ce nouvel affront.

L'Italien ne tarda pas à mettre sa vengeance à exécution, et voici comment il s'y prit ; il se servait d'un espion qui allait de lui à Bayart, jurait à chacun qu'il lui était uniquement dévoué, et tirait de l'argent de tous deux. Manfroni connaissait l'homme, et sur cela il lui dit un matin : « Rends-toi à Vérone, et donne à entendre au capitaine Bayart que je suis nommé gouverneur de Legnago ; et que tu sais de bonne part que je me rends demain matin à mon poste avec trois cents chevaux sans gens de pied. Le Français a le cœur trop bien placé pour ne pas venir me rendre visite au passage, et s'il y vient, ajouta imprudemment Manfroni, il n'en sortira que mort ou prisonnier, car je prendrai mes mesures en conséquence. » Là-dessus il lui expliqua son plan, et le congédia après lui avoir promis cent ducats d'or s'il réussissait.

Il n'y a guère loin d'un espion à un traître, et le « galant » assura Manfroni qu'il pouvait compter sur son savoir faire, comme lui-même comptait sur son argent. Il se rendit incontinent à Vérone droit au logis de Bayart, dont tous les serviteurs le connaissaient pour un affidé de leur maître. Il fut introduit dans la salle où le bon chevalier achevait de souper, et en reçut un meilleur accueil qu'il ne le méritait. « Sois le bienvenu, Vicentin ; tu ne viens pas sans doute pour rien ; quelles nouvelles ? — D'excellentes, Monseigneur, » lui répondit l'autre en affectant un air mystérieux. Bayart se leva de table sur-le-champ, et tira à part l'espion pour savoir de quoi il s'agissait. Vicentin lui débita sa leçon avec tant de naïveté, que le bon chevalier ne se pouvait contenir de joie. Il ordonna de faire souper Vicentin et de le bien régaler, puis revint trouver les capitaines Pierre Pont, la Varenne, Du Fay et un capitaine du Hainaut nommé de Sucker, qu'il traitait ce soir-là. Il leur conta de point en point ce qu'il venait d'apprendre de l'espion, et leur dit que s'ils étaient d'humeur à l'accompagner, le lendemain ne s'achèverait pas « sans qu'il eût de bons coups à férir. » La partie se trouva fort de leur goût ; ils en mirent Frédéric de Mailly, baron de Conti, qui de sa vie ne leur eût pardonné de l'avoir oublié, et convinrent de partir au point du jour avec deux cents hommes d'armes. On se sépara là-dessus de bonne heure, pour être prêt de meilleur matin.

Le hasard voulut que le seigneur de Sucker, dont le logis était assez éloigné, aperçut en se retirant le même homme qu'il venait de voir chez Bayart, sortant d'une maison dont le maître était connu pour un zélé partisan des Vénitiens. Sucker en conçut de l'ombrage, saisit rudement l'individu au collet, et lui demanda d'où il venait. L'espion interdit ne sut que répondre et son trouble augmentant les soupçons du capitaine, il le ramena sans le lâcher, au logis de Bayart. Là il fut interrogé, et le bon chevalier, toujours miséricordieux, lui promit la vie s'il avouait la vérité. L'espion nia tout d'abord ; mais à la fin, menacé de la question, il confessa de point en point sa trahison.

Lorsqu'il eût achevé ses révélations, le bon chevalier reconnut qu'il avait bien mal employé les ducats qu'il lui avait donnés, et commanda de le faire enfermer jusqu'à nouvel ordre. « Mon ami, dit-il ensuite au seigneur de Sucker, il ne nous reste plus qu'à rendre à ce capitaine Manfroni le bon tour qu'il nous voulait jouer. Veuillez, je vous prie, vous rendre de ce pas chez le prince d'Anhalt, contez-lui la chose en détail, et faites en sorte d'obtenir de lui, pour demain matin, deux mille de ses lansquenets. Nous les mènerons avec nous, et les placerons, je vous jure, dans quelque endroit où le Vénitien trouvera chaussure à son point. »

Les lansquenets furent accordés de grand cœur, et le lendemain, au point du jour, gens de pied et hommes d'armes se mirent joyeusement en campagne. Bayart laissa le capitaine Sucker avec les lansquenets dans un petit village nommé Zevio, à huit milles d'Isola della Scala, en lui promettant de lui amener les ennemis sous le nez, et de le mettre à portée d'acquérir de l'honneur. Le baron de Conti et lui continuèrent à s'avancer vers Isola della Scala, comme s'ils ne se fussent doutés de rien. Ils ne tardèrent pas à découvrir en rase campagne le capitaine Manfroni médiocrement accompagné de quelques chevau-légers. Bayart envoya son guidon, Du Fay, entamer l'action avec les archers, et le suivit de près à la tête de ses gens d'armes.

Ils n'étaient plus qu'à un jet d'arc d'Isola, lorsqu'ils virent l'embuscade vénitienne se précipiter hors des portes de la ville, comme si elle eût couru à une victoire certaine. Pour mieux cacher son jeu, Bayart commanda aux trompettes de sonner à l'étendard. Le guidon avait sa leçon faite, et il obéit à ce signal en se repliant sur le gros de la troupe, qui feignait elle-même de battre en retraite sur Vérone.

Les Français se retirèrent ainsi en escarmouchant et au petit pas jusqu'à Zevio, où déjà Bayart avait envoyé au capitaine Sucker l'ordre de sortir en bataille. Les hommes d'armes vénitiens, soutenus à leurs ailes par les gens de pied, continuaient de charger avec confiance cette petite troupe qu'ils ne croyaient pas devoir leur échapper. Quelle fut leur surprise en découvrant une colonne de deux mille lansquenets qui croisaient sur eux au pas de charge! Leurs gens de pied étaient trop avancés pour reculer, les gens d'armes ne voulaient pas les abandonner et firent bonne contenance : « Messeigneurs, s'écria Bayart, à notre tour, chargeons! » Les ennemis soutinrent le choc bravement, mais non sans grand'perte. Les lansquenets de leur côté, tombèrent sur les gens de pied qui furent rompus et mis en pièces, sans qu'il en échappât un seul. Après d'inutiles efforts, Manfroni, témoin de sa défaite ; reconnut qu'il n'avait plus d'autre ressource que la fuite, et se sauva au grand galop vers San-Bonifacio. Il fut poursuivi quelque temps ; mais Bayart savait user avec prudence de la fortune : il fit sonner la retraite, et rassembla ses gens, qui avec nombre de prisonniers, de chevaux et un butin considérable, reprirent la route de leur garnison.

Cette journée fut d'autant plus glorieuse pour le bon chevalier, que, tout en opposant la ruse à la ruse, il n'avait pas, à l'exemple de Manfroni, cherché à accabler ses ennemis sous le nombre, satisfait de les combattre à forces égales. De retour à son logis, il fit relâcher l'espion ; celui-ci se rendit droit à San-Bonifacio, où, dès que Manfroni l'eût aperçu, il le fit accrocher à un arbre, sans vouloir seulement l'écouter.

La rigueur de la saison vint ralentir la guerre ; André Gritti et Lucio Malvezzi se contentèrent de tenir Vérone en quelque façon bloquée, et d'essayer de surprendre la garnison à la faveur des bonnes dispositions des habitants ; mais la vigilance de Bayart ayant déjoué toutes leurs tentatives, ils laissèrent enfin quelque repos aux Français.

CHAPITRE XII.

Le duc de Nemours arrive en Italie et fait grand honneur au bon chevalier. — Horrible aventure de la grotte de Masano. — Guerre de Ferrare. — Bayart fait remporter une victoire signalée au duc de Ferrare.

1510 — 1511.

Au commencement de l'année 1510, Louis XII, cédant aux prières de son neveu Gaston de Foix, duc de Nemours, l'envoya guerroyer en Italie, sous la conduite du sage et vaillant capitaine Louis d'Ars. Ce jeune prince honora du meilleur accueil les seigneurs français, et entre tous le bon chevalier sans peur et sans reproche, qu'en sa qualité de gouverneur du Dauphiné il connaissait particulièrement. Bayart éprouva la plus vive satisfaction à revoir son premier capitaine, et Louis d'Ars à retrouver son élève et son ami, grandi en gloire et en réputation.

Le Pape, n'ayant plus rien à gagner à la ligue de Cambrai, ne tarda point à reprendre contre l'empereur et le roi de France le parti des Vénitiens. Louis et Maximilien s'unirent encore plus étroitement, et résolurent de pousser vivement la guerre. Chaumont d'Amboise, gouverneur du Milanais, et le prince d'Anhalt, à la tête de vingt mille hommes, entrèrent dans le Vicentin en chassant devant eux l'armée de la République. Les habitants de Vicence, abandonnés par les Vénitiens, essayèrent vainement de conjurer la vengeance et la « barbarie tudesque » des Allemands qu'ils avaient chassés l'année précédente, il fallut se rendre à discrétion. Mais le butin ne fut point aussi considérable que les lansquenets l'espéraient : Vicence était presque déserte, et les citoyens avaient emporté dans leur fuite tout ce qu'ils avaient de plus précieux.

Dans les monts au pied desquels est bâtie cette ville, se trouve un vaste souterrain creusé par la nature, et que la main des hommes a agrandi de toutes les pierres dont sont construites Vicence et Padoue. Dans cette grotte de Masano (c'est le nom qu'on lui donne) s'étaient réfugiées avec toutes sortes de provisions plus de deux mille personnes des plus considérables, tant de la ville que du plat pays. Les Vicentins se croyaient bien en sûreté, car l'entrée du souterrain était si étroite qu'un seul homme pouvait y passer à la fois, et ils s'étaient munis de piques et d'arquebuses en cas d'attaque. Quelques aventuriers, gens de pillage et français, vinrent à découvrir leur retraite et la voulurent forcer. Les malheureux eurent beau leur crier qu'il ne leur restait rien, et qu'ils n'avaient de tous leurs biens sauvé que leur vie, les aventuriers ne se payèrent point de leurs prières, et s'obstinèrent à entrer. On tira de la grotte quelques coups d'arquebuse qui en jetèrent deux sur la place. Les autres allèrent chercher leurs camarades, qui, plus diligents pour le mal que pour le bien accoururent en foule. Quand ces scélérats reconnurent que ni le nombre ni la force ne leur pouvait servir de rien, la rage leur suggéra un expédient affreux. Ils entassèrent du bois, de la paille et du foin mouillés devant l'entrée de la grotte, et y mirent le feu. Le souterrain, qui ne recevait de l'air que par cette ouverture, se remplit en un instant d'une épaisse fumée; les aventuriers attendirent qu'elle fut dissipée, et se précipitèrent dans la grotte : tout était mort, ils virent les gentilshommes et les nobles dames gisant sur la terre, les traits défigurés par la souffrance, des enfants encore dans la plus tendre jeunesse étendus sur leur mère ; et sans être effrayés du succès de leur barbarie, ils se chargèrent d'un immense butin.

Le grand-maître et tous les capitaines furent désespérés d'un semblable attentat, et surtout le bon chevalier, qui n'eut point de repos qu'il n'eût découvert quelques-uns de ces brigands. Il lui en tomba deux entre les mains, dont l'un n'avait qu'une oreille et l'autre n'en avait point, honorables antécédents de leur vie; il les livra au prévôt du camp qui en trouva plus qu'il n'en fallait pour les faire pendre. Ils furent amenés devant la grotte, et livrés au bourreau sur le lieu même de leur forfait, en présence de Bayart qui voulait s'assurer de leur supplice.

Pendant qu'on les exécutait, on vit sortir de la caverne une espèce de fautôme : c'était un enfant de quinze à seize ans, qui, tout jauni par la fumée, pouvait à peine se soutenir. Le bon chevalier s'approcha et lui demanda par quel miracle il s'était sauvé. Il répondit que, lorsqu'il avait senti la fumée s'épaissir, il s'était réfugié à l'extrémité du souterrain, où une fente du rocher lui avait quelque temps donné assez d'air pour ne pas étouffer, puis qu'à la fin il s'était évanoui. Il ajouta que lorsque les gentilshommes et leurs femmes s'aperçurent des funestes préparatifs que l'on faisait à l'entrée de la grotte, ils voulurent sortir et offrir des rançons aux aventuriers, mais que les paysans qui étaient avec eux, et en plus grand nombre, les avaient repoussés à coups de piques, en leur disant : « Vous mourrez avec nous ! » Bayart ordonna que tout ce que l'on pourrait retrouver du pillage fut remis au jeune homme, comme au légitime héritier de ses infortunés compatriotes.

La nouvelle de la mort du cardinal d'Amboise, son oncle, troubla à cette époque (25 mai 1510) les succès du grand-maître de Chaumont, qui venait de joindre la ville de Lignago à ses autres conquêtes. Renfermant en son âme une douleur à laquelle il ne survécut pas longtemps, il réunit ses troupes à celles que l'empereur venait d'envoyer d'Allemagne pour achever la conquête des Etats de terre ferme de la république de Venise.

Les armées françaises et allemandes se dirigèrent par Cittadella sur Monselice, dont la prise était indispensable pour le siége de Padoue, que rêvait de nouveau Maximilien. Bayart, le baron de Conti, le baron de Fontrailles et le capitaine Mercurio, à la tête de deux mille Albanais au service de l'empereur, s'avançaient en avant-garde sur les bords de la Brenta, lorsqu'ils rencontrèrent un parti d'autres Albanais ou *Estradiots* à la solde de la république. Ces Croates, comme on les appelait, plus turcs que chrétiens, rôdaient jour et nuit autour de l'armée, cherchant à surprendre les fourrageurs, les convois, et à faire quelque butin. Mais cette fois, tout ce qu'ils gagnèrent fut de rester la plupart sur la place, morts ou prisonniers.

Monselice fut emportée de prime-abord par les aventuriers du capitaine Molard, cousin de Bayart, et l'achèvement de la conquête des Etats de terre ferme de la république paraissait inévitable, lorsque la politique de Jules vint enlever en un instant aux alliés ce quils avaient eu tant de peine à conquérir. Louis XII se vit forcé d'abandonner Maximilien à lui-même, d'envoyer une partie de ses troupes au secours du duc de Ferrare, et de rappeler Chaumont avec le reste à la défense du duché de Milan.

Pendant que ce dernier s'avançait à la rencontre

des Suisses, descendant à l'instigation de Mathias Schiener dans le Milanais, six mille Français sous les ordres des seigneurs Clermont de Montoison, Fontrailles du Lude et Bayart, marchaient au secours d'Alphonse d'Este menacé par les troupes pontificales. Ils furent reçus comme des sauveurs dans Ferrare, où la prise de Modène venait de jeter la consternation.

Après divers incidents étrangers à cette histoire, le pontife, poursuivant ses hostilités contre Alphonse, résolut de s'emparer de La Concordia et de Mirandola, places nécessaires à l'exécution de ses projets sur Ferrare. La première de ces deux villes, hors d'état de résister, ouvrit bientôt ses portes au duc d'Urbin son neveu. Quant à la seconde elle soutint un assez long siége, grâces au secours que le duc de Ferrare lui avait envoyé ; mais enfin elle dut céder devant l'extraordinaire rigueur de l'hiver de 1511. Les fossés de Mirandola, couverts d'une glace de deux pieds d'épaisseur aidèrent plus aux assiégeants que leur artillerie, et elle se vit forcée de capituler.

La nouvelle de cette prise redoubla les alarmes du duc de Ferrare ; ne doutant point qu'il ne fût au premier jour assiégé dans sa capitale, il fit rompre les ponts, et se prépara à se défendre jusqu'à la dernière extrémité. Un capitaine vénitien nommé Jean Fort avait promis au pape de s'emparer de la

Bastia di Genivolo et d'affamer Ferrare au bout de trois jours. Deux cents lances espagnoles envoyées par Ferdinand, en sa qualité de feudataire du saint-siége pour le royaume de Naples, cinq cents chevau-légers, six mille gens de pied et de la grosse artillerie furent aussitôt mis à la disposition du capitaine Jean Fort. Ces troupes, en ravageant le pays et sans trouver d'obstacle, s'avancèrent rapidement devant Bastia, place située au-dessus de Ferrare, sur le Pô, dont elle commande le cours. Quand le capitaine à qui la garde en était confiée vit paraître sous ses murailles dégarnies de soldats une armée pareille, il se hâta de donner avis au duc de l'extrémité dans laquelle il se trouvait, et fit en attendant bonne contenance. Les troupes pontificales, mal informées de l'état de la garnison, établirent leurs batteries, et commencèrent un siége en forme.

Bayart et Montoison se trouvaient auprès du duc de Ferrare, lorsqu'arriva le messager du gouverneur de Bastia. Alphonse eut à peine ouvert la lettre qu'il s'écria en se frappant le front : « Si je perds Bastia, c'est comme si j'avais perdu Ferrare ! » Le brave Montoison l'assura que rien n'était encore désespéré, et le bon chevalier prenant la parole lui dit qu'il fallait cette nuit même embarquer sur le Pô trois mille hommes de pied, tandis que la gendarmerie française marcherait toute la nuit pour se join-

dre à eux à peu de distance du camp des ennemis.
« Nous les surprendrons, ajouta-t-il, avant qu'ils
se soient mis en ordre de combattre, et le cœur
me dit que nous les déferons. » Tout l'or du monde
n'eût pas fait autant de plaisir au duc que lui en
firent ces paroles. Il courut ordonner les préparatifs
de l'expédition, et quand vint le soir, les gens de
pied s'embarquèrent sous la conduite d'habiles ma-
riniers, pendant que le duc en personne, les hommes
d'armes et les capitaines français s'acheminaient par
terre.

Tout réussit à souhait; les deux corps se réunirent
au lieu indiqué, et la troupe s'approcha en silence
du camp des ennemis. Bayart, après avoir pris les
ordres du duc, disposa l'ordre de l'attaque. Les hommes d'armes et les gens de pied furent divisés en
deux bandes, chargées d'attaquer chacune d'un côté
différent. Il espérait ainsi dissimuler le petit nombre
de ses troupes et accroître le trouble dans les rangs
ennemis. Mais il n'était pas nécessaire d'user de tant
de précaution. Logée au milieu d'un village, sans
retranchements ni avant-postes, l'armée du pape
célébrait aussi tranquillement que si elle eût été
à Rome, les fêtes du carnaval. Surprise à la fois
sur tous les points, elle n'opposa qu'une faible résistance et fut bientôt mise en déroute. Les Espagnols,
vieux soldats, se ralliaient seuls à la voix de leur
capitaine, mais chargés rudement par le duc et le

bon chevalier, ils furent écrasés avant d'avoir reformé leurs bataillons. La mort de leur chef fut le signal d'une fuite générale ; abandonnant le champ de bataille, les gens du pape s'enfuirent à travers la campagne, poursuivis par la cavalerie légère, qui en fit un horrible carnage. Les paysans dont ils avaient désolé les habitations s'acharnèrent après les fuyards et les blessés, et plus de quatre mille morts restèrent dans les marais de Bastia.

Le camp, rempli de vivres et de riches bagages, fut abandonné aux soldats, qui, pliant sous le poids du butin, reprirent la route de Ferrare. Le duc et ses braves auxiliaires furent reçu en triomphe dans la ville par la duchesse, suivie de toute la population qui faisait retentir l'air de ses cris d'allégresse. Si Alphonse d'Este était un des princes les plus accomplis de son temps, on ne pouvait refuser à sa femme, la célèbre Lucrèce Borgia, la beauté, les grâces et toutes les qualités de l'esprit. Cette princesse, remarquable par ses talents et par la variété de ses connaissances, avait rendu la Cour de Ferrare une des plus polies et des plus recherchées de toute l'Italie. Sans décider entre tant de satires et de panégyriques contradictoires, il nous suffit ici de savoir qu'elle accueillit de la manière la plus flatteuse et la plus honorable les Français, et particulièrement Bayart, regardé comme le principal auteur de la défaite des ennemis. Elle fit accepter plusieurs présents au bon chevalier, et il devint l'objet des attentions de toute la Cour. « Enfin il était si fort aimé d'un chacun, qu'on ne pouvait rassasier le peuple de ses louanges. »

CHAPITRE XIII.

Prise de Bologne et défaite des troupes du Pape. — Bayart accompagne La Palice en Frioul. — L'astrologue de Carpi et aventure du capitaine Jacquin.

1511.

La mort du seigneur de Chaumont changea la face des affaires en Italie ; le fier Trivulzio, qui avait juré de ne plus servir sous ses ordres, le remplaça et rendit à la guerre toute l'activité que lui avaient enlevée l'indolence et les scrupules du grand-maître. L'heureuse audace du jeune Gaston de Foix vint seconder l'expérience du vieux capitaine, et les troupes du pape et des Vénitiens, battues dans deux rencontres consécutives, furent contraintes à évacuer le territoire de Ferrare.

Trivulzio remit bientôt sa fille en possession de la Concordia, mais ne voulant pas être accusé de préférer les intérêts de sa famille à ceux du roi, il passa outre Mirandola, et parut sous les murs de Bologne. Jules, épouvanté, remit la défense de cette ville au cardinal de Pavie et au duc d'Urbin, et s'enfuit à Ravenne, emportant avec lui les vains serments des Bolonais. La faction des Bentivoglio ouvrit les portes à Trivulzio, et les troupes du pape et des Vénitiens, après une faible résistance, abandonnèrent aux Français leur camp, cinquante pièces d'artillerie, un immense bagage, tentes et pavillons. Bayart, Philippe de la Tour, seigneur de Vatillieu, son compatriote, Fontrailles, Sainte-Colombe, étaient à la tête des coureurs de l'armée, et avaient donné les premiers « dedans l'ennemi. » Le soir, à souper, le maréchal Trivulzio donna publiquement au bon chevalier les honneurs de la journée, disant : « qu'après Dieu, c'était à lui que la victoire était due. »

A cette époque, Louis XII fut encore obligé d'envoyer des secours à Maximilien, qui soutenait difficilement en Frioul la guerre contre les Vénitiens. Une dangereuse maladie du pape Jules avait donné une nouvelle activité au bizarre projet qu'avait rêvé ce prince, d'unir sur sa tête la tiare pontificale à la couronne impériale, et cette grave négociation épuisait toute son attention comme le reste de ses ducats. Cédant aux instances de son ministre, l'évêque de Gurck, le roi de France lui accorda douze cents lances et huit mille gens de pied sous les ordres de La Palice, récemment promu à la dignité de grand-maître de France. Chabannes n'eut garde en cette circonstance de laisser derrière lui le bon chevalier « son parfait ami. »

Les Français rejoignirent à Vérone les troupes de

l'empereur commandées par le baron George de Lichtenstein, et les armées réunies s'approchèrent de Trévise dans le dessein de l'assiéger. Mais les Allemands étaient, à leur ordinaire, dépourvus de tous les équipages nécessaires, et il fallut passer outre. Bayart, et le capitaine Fontrailles, soutenus de quelques lansquenets, pénétrèrent dans l'intérieur du pays, poursuivirent Antoine de Savorgnano, partisan vénitien, jusque sur les confins de l'Esclavonie, et s'emparèrent de Gradiska et de Gorizia. Après avoir remis ces places aux Impériaux, Bayart et Fontrailles retournèrent sur les bords de La Piave, où la Palice attendait vainement les convois et les renforts promis par Maximilien. Grâce à son imprévoyance, les gens de guerre manquaient de tout, et plus de quatre mille piétons et de cent hommes d'armes français périrent de faim et de misère.

Chabanes de La Palice ne tarda pas à recevoir l'ordre de ramener les débris de son armée au secours du duché de Milan, et partit bon gré mal gré, après avoir eu de grosses paroles avec les gens de l'empereur.

A la sollicitation du pape, les Suisses, redescendus en grand nombre de leurs montagnes, s'étaient avancés, ravageant tout sur leur passage, jusqu'à Galera non loin de Milan. La plupart des troupes du nouveau vice-roi, du duc de Nemours, étant disséminées en garnisons nécessaires, il fut reduit à marcher à leur rencontre, à la tête de cinq à six cents lances. Gaston ne s'attacha qu'à leur couper les vivres et à les fatiguer par des escarmouches continuelles; mais les phalanges helvétiennes passant toujours en avant, il fut contraint de se replier dans les faubourgs de Milan.

Ce jour-là même, le baron de Conti, indigné de l'audace de ces « vachers », c'est ainsi que Louis XII les avait appelés, sortit sur eux à la tête de ses hommes d'armes; mais il fut repoussé à grande perte, et il rentra dans la ville, atteint lui-même d'une blessure qui le mit au tombeau dans la nuit. Le bon chevalier, son intime compagnon et ami, jura de le venger. Il venait de prendre le commandement d'une compagnie d'ordonnance de cent hommes d'armes, que le roi avait donnée au duc Antoine de Lorraine, en le priant de recevoir de sa main Bayart pour lieutenant. La colère dans le cœur, il se mit le lendemain matin aux champs avec ses nouveaux gens d'armes, rencontra et tailla en pièces cinq cents Helvétiens sur les lieux mêmes où le brave Conti avait reçu les coups de mort. Cet échec et le manque de vivres les forcèrent à entrer en pour-parler, et deux jours après, au grand regret du pape, les Suisses reprirent la route de leur pays.

Il était temps qu'ils se retirassent, car déjà les armées de Jules, de Ferdinand et des Vénitiens, maîtresses de toute la Romagne, s'approchaient des murs de Bologne. Gaston, pour être à portée de secourir cette place, résolut d'aller établir son camp à Finale-di-Modena, entre Ferrare et la ville assiégée.

Sur la route, et pendant que les troupes s'assemblaient, Nemours et ses principaux capitaines furent retenus deux jours à Carpi par le seigneur de cette ville. C'était Alberto Pio, comte de Carpi, non moins célèbre par le rôle qu'il avait joué dans les affaires de l'Italie, que par son goût pour les sciences et les lettres. Le soir même de leur arrivée, il donna au duc et aux seigneurs de sa suite un souper qui fut égayé par les plus joyeux devis. Entre autres, il n'était bruit dans la ville que d'un astrologue ou devin dont on raconta les plus merveilleuses histoires. « Tout vrai chrétien doit croire qu'à Dieu seul appartient la connaissance de l'avenir; » mais le hasard avait si bien servi cet homme, il avait rencontré juste si souvent, que les plus incrédules ne savaient qu'en penser. Une curiosité naturelle à son âge engagea le duc de Nemours à prier le comte de Carpi d'envoyer quérir l'astrologue.

Il ne se fit pas attendre. C'était un homme d'environ soixante ans, maigre, de moyenne taille, et dont les traits et l'ensemble annonçaient qu'il n'avait pas vu le jour sous le soleil de l'Europe. Le duc l'accueillit avec bonté, lui demanda en italien « comment il se portait, » et, après quelques propos indifférents, le pria de lui dire « si les Espagnols attendraient la bataille. — Oui, répondit-il, et sur ma vie, elle sera le vendredi saint ou le jour de Pâques, et il y aura bien du sang répandu. — Et qui la gagnera? » Il répliqua ces mots : « Le champ demeurera aux Français, et les Espagnols feront une plus grande perte qu'ils n'en ont fait depuis cent ans; mais les Français paieront chèrement leur victoire. — Serai-je du nombre des morts, lui demanda le seigneur de La Palice. — Non, vous aurez encore au moins douze ans à vivre ; mais vous mourrez dans une autre bataille. » Il en dit autant au seigneur d'Humbercourt ; puis au capitaine Richebourg, qu'il était en grand danger de périr par la foudre. Bref, il n'y eut presque personne de toute la compagnie qui ne fût curieux de l'interroger, et n'en obtint quelque réponse.

Le bon chevalier seul riait aux éclats. « Monseigneur de Bayart mon ami, lui dit le duc de Nemours, je vous en prie, demandez un peu à notre maître ce qu'il sera de vous. — A quoi bon, Monseigneur? Je sais assez que je ne serai jamais grand'chose; mais puisqu'il vous plait, je le veux bien. — Monsieur notre maître, dites-moi, je vous prie, si je deviendrai quelque jour un grand et riche personnage? » L'astrologue lui répondit : « Tu sera riche d'honneur et de vertu, autant que capitaine fut oncques en France; mais des biens de fortune tu n'en auras guère, aussi ne les cherches-tu pas. Tu serviras, après celui qui règne, un autre roi de France, lequel t'aimera et t'estimera beaucoup ; mais les envieux l'empêcheront de te faire jamais de grands biens, ni de t'élever aux honneurs que tu auras mérités. Toutefois, sois assuré que la faute ne procédera pas de lui. — Et de cette bataille qui doit être si meurtrière, en échapperai-je ? — Oui, mais tu mourras en guerre d'ici à douze ans au plus tard, et tu périras d'un coup d'artillerie ; car autrement tu es trop aimé de ceux qui sont sous ta charge pour qu'ils ne se fissent pas tuer jusqu'au dernier pour te sauver la vie. »

Après avoir satisfait avec une égale assurance à toutes les questions qui lui furent encore adressées, l'astrologue s'apercevant qu'entre tous les capitaines le duc traitait avec une plus grande privauté le seigneur de La Palice et le bon chevalier, il les tira tous deux à l'écart, et leur dit : « Messeigneurs, je vois que ce jeune prince vous est aussi cher qu'il le mérite, car la bonté et la noblesse se lisent dans ses traits; veillez bien sur lui le jour de la bataille, il est menacé d'y périr. S'il en échappe, ce sera un des plus grands et élevés personnages que la France ait nourris, mais je crains fort pour ses jours. Ne méprisez point mes avertissements, je consens à avoir la tête tranchée si jamais homme voit d'aussi près la mort qu'il la verra en ce jour ! — Que dites-vous donc là bas, Messeigneurs ? leur demanda en souriant Nemours. — Monseigneur, lui répondit Bayart en changeant de propos, c'est le seigneur de La Palice qui a voulu savoir s'il est autant aimé de Reffuge que Viveroz, et il n'est pas fort content de la réponse du maître. » Le duc se prit à rire sans rien soupçonner du précédent entretien.

Sur ces entrefaites, entra dans la salle un aventurier, réputé pour brave, mais pour assez vicieux ; il avait nom Jacquin Caumont, et portait quelque enseigne dans la bande du capitaine Molard. Il voulut se faire de fête, comme les autres, et s'avançant vers l'astrologue, il l'apostropha en ces termes : « Viens ici, vieux sorcier, dis-moi ma bonne aventure. — Va, va, je ne te dirai rien, » lui répliqua l'autre en homme courroucé. Les gentilshommes présents firent observer à Jacquin que c'était mal à lui de l'injurier. « Eh bien! soit, lui dit-il, maître, mon ami, j'ai tort et te demande pardon de mes folles paroles. » Il fit tant qu'il parvint à l'apaiser; mais à peine l'astrologue eut-il jeté les yeux sur la main que l'aventurier lui tendait en réitérant ses instances, qu'il s'écria : « Je te prie ne me demande rien ; car je n'ai rien de bon à te dire ! — C'est égal, répliqua Jacquin, encore plus impatienté par les rires de toute la compagnie, parle tout de même ; tu ne me diras pas que je mourrai d'hydropisie, car je ne bois jamais d'eau ! — Tu veux donc à toute force savoir ton affaire ? — Oui! oui! — Eh bien! presse-toi donc de songer à ton âme, car avant trois mois tu seras pendu et étranglé ! » Et les écoutants de rire de plus belle ; ils n'eussent jamais pensé que le cas advînt, vu le grand crédit dont jouissait Caumont parmi les gens de pied, et ils considéraient cette sinistre prédiction comme une vengeance que prenait l'astrologue des injures de l'aventurier. Mais elle ne fut que trop vraie pour Jacquin, et nous verrons, comme dit le proverbe, que *qui a à pendre ne peut noyer.*

Le lendemain, Nemours se rendit à Finale-di-Modena, petite ville divisée par un canal étroit et profond en deux parties que rejoignait un méchant pont de bois. A chaque instant il arrivait de Ferrare aux Français des barques chargées de provisions, et le duc se décida à attendre dans cette position des nouvelles de l'ennemi.

Un soir que par aventure le capitaine Jacquin Caumont avait un peu plus soupé que de coutume, il s'en vint sur les neuf heures, avec force torches et tambours, au logis de son capitaine, armé de toutes pièces, monté sur un très beau coursier, et en ordre comme un saint George. Grâce à sa solde et beaucoup à la maraude, il était fort bien dans ses affaires, et trainait toujours trois ou quatre grands chevaux après lui, espérant à la fin de la campagne d'entrer dans quelque compagnie d'ordonnance. Quand le seigneur de Molard le vit arriver à cette heure et dans cet équipage, il se mit à rire, se doutant que le vin n'était pas étranger à la chose. « Comment, capitaine Jacquin, lui dit-il, voulez-vous nous abandonner et laisser là la pique ? — Nenni, non, capitaine, mais je viens vous supplier de me conduire au logis de Monseigneur le duc de Nemours, pour qu'en sa présence je rompe cette lance, et à telle fin qu'il sache qu'un *saute-buisson* brise un bois tout aussi bien qu'une *haridelle*.

Molard jugea que l'issue de cette aventure valait la peine d'être vue, et qu'elle pourrait réjouir le duc et sa compagnie. Il dit à Jacquin de le suivre, ce que fit celui-ci, en passant tout à cheval sur le petit pont de bois qui séparait le quartier des gens de pied, de celui des hommes d'armes. Nemours et les seigneurs qui se trouvaient auprès de lui, descendirent dans la rue pour se divertir de cette étrange veille des armes, et Jacquin, mieux garni de vin que d'autre chose, se mit sur les rangs. » Eh ! capitaine, lui cria le prince, est-ce pour l'amour de votre dame, ou pour l'amour de moi que vous voulez rompre cette lance ? » Jacquin répondit, en parlant de Dieu à la mode des aventuriers, « que c'était pour l'amour de lui-même, et qu'il était homme à servir le roi à cheval tout comme à pied. » Là-dessus il baissa visière et fournit sa carrière tant bien que mal, sans toutefois rompre sa lance ; il recommença une seconde fois, une quatrième fois, sans en pouvoir venir à bout. Quand ils virent qu'il n'en finissait pas, le duc et les seigneurs ennuyés remontèrent et le laissèrent là.

Pour Jacquin, ravi de ses succès, il reprit au grand galop la route de son quartier, et tout en donnant à son cheval des coups d'éperons à tort et à travers, il enfila le pont. L'animal qu'il ne cessait de piquer jusqu'au sang, fit tout à coup un si terrible saut, que les pieds lui glissèrent sur les planches, et homme et cheval culbutèrent dans la rivière. Ceux qui suivaient de loin virent Jacquin disparaître, et accoururent en criant : à l'aide ! à l'aide ! Mais les bords du canal étaient si escarpés, qu'il était impossible de le secourir de terre, et que, sans les nombreuses barques qui se trouvaient là, on n'en eut jamais revu ni pieds ni mains. Le cheval se défit de son cavalier, et nagea plus d'une demi-heure avant d'arriver à une espèce d'abreuvoir par où il se sauva. Le capitaine Jacquin, le vaillant homme d'armes, après avoir longuement grenouillé dans l'eau, fut enfin, comme par miracle, repêché et tiré par les bateliers, mais plus mort que vif. Il fut incontinent désarmé et pendu par les pieds, rendit bien deux ou trois seaux d'eau par la bouche, et demeura plus de six heures sans parler. Toutefois les médecins du duc de Nemours l'étant venu visiter, grâce à leurs soins et à sa bonne constitution, au bout de deux jours il redevint gaillard comme devant.

Il ne faut pas demander s'il fut moqué à double

carillon de tous les aventuriers, ses compagnons. « Eh ! capitaine Jacquin, lui disait l'un, vous prendra-t-il envie une autre fois de courir la lance à neuf heures de nuit en hiver ? — Il vaut mieux être saute-buisson que haridelle, lui disait l'autre ; on n'est pas exposé à choir de si haut. » Bref, on le tympanisa ainsi qu'il le méritait ; mais le plus merveilleux de l'histoire fut d'avoir été retiré vivant du canal, et il fallait bien, comme l'avait prédit l'astrologue de Carpi, que Jacquin ne fût pas prédestiné à mourir dans l'eau.....

CHAPITRE XIV.

Bayart à la tête des coureurs de l'armée française, défait les troupes vénitiennes. — Il est blessé grièvement à la prise de Brescia. — Grande courtoisie du bon chevalier.

1512.

Les confédérés étaient devant Bologne depuis un mois, et ni leur artillerie ni les mines de l'invention de Pietro Navarro n'avaient encore produit de grands effets. Les assiégés firent prévenir Nemours que jamais occasion plus favorable ne s'était présentée de forcer l'ennemi dans ses lignes et de lui faire honteusement lever le siége. Gaston part un soir de Finale, marche en bataille toute la nuit, et malgré la neige et la pluie, il était dans Bologne le lendemain à neuf heures du matin. L'impétuosité de ce mouvement intimida à ce point les confédérés, qu'abandonnant leur camp, ils se retirèrent ou plutôt s'enfuirent vers Imola. Nemours n'avait pas le loisir de les poursuivre, car il venait d'apprendre que l'armée vénitienne était rentrée par surprise dans Brescia le 4 février.

« C'était un vrai jeu de barres que nos guerres d'Italie, tantôt villes prises par les uns, puis par les autres reprises. » Le provéditeur André Gritti, introduit dans Brescia par le vindicatif comte Avogadro, un des principaux habitants de cette puissante cité, avait surpris et massacré une partie de la garnison française. Le gouverneur Daillon du Lude, réfugié avec le reste dans la citadelle, se hâta d'informer Gaston de l'impuissance où il se trouvait de tenir longtemps contre les assauts des Vénitiens et des habitants réunis. A la réception de ces fâcheuses dépêches, Nemours jura que le roi son oncle n'apprendrait la perte qu'il avait faite qu'avec la nouvelle qu'elle était réparée. Il part de Bologne à marche forcée, avançant chaque jour avec toute son armée « autant que le meilleur chevaucheur sur un courtaud de cent écus. »

Jean-Paul Baglioni, capitaine général de la République à la tête d'un corps de troupe considérable, ne mettait pas moins de diligence à rejoindre Gritti dans Brescia. Mais, instruit de sa marche, Gaston résolut de le couper, et fit faire en un jour à sa cavalerie quarante milles d'Italie sans débrider. Baglioni, ne pouvant le soupçonner aussi près, s'amusait sur sa route à battre le château de Valeggio, dont la prise eut enlevé aux Français le seul gué du Mincio.

Le bon chevalier et le seigneur de Téligny conduisaient les coureurs de l'armée qui devançaient constamment de plusieurs lieues le gros de l'avant-garde. Bayart, quoiqu'il eût eu la fièvre toute la nuit, n'avait point quitté son poste, et chevauchait sans armure, enveloppé dans son manteau. Soudain, apercevant les ennemis, il emprunta la cuirasse d'un de ses gens d'armes, monta sur son bon coursier, et marcha droit à Valeggio. Nonobstant que l'avant-garde française parût à peine dans le lointain, il ne laissa pas de charger vigoureusement les Vénitiens, et soutint plus d'un quart d'heure, avec sa petite troupe, les efforts de l'armée de Baglioni. Un coup de fauconneau emporta à ses côtés un brave gentilhomme, porte-enseigne du seigneur de Téligny, et le combat n'en devint que plus animé. Cependant, au bruit de l'artillerie, les gens d'armes les mieux montés de l'avant-garde accoururent au secours de Bayart, et les Vénitiens, croyant avoir affaire à toutes les troupes de Gaston, se débandèrent et abandonnèrent le champ de bataille, couvert de morts et de prisonniers.

La nouvelle de cette déroute parvint rapidement au château de Brescia, et la garnison certaine de l'arrivée du secours, allumèrent des feux de joie qui ne réjouirent guère les pauvres bourgeois de la ville. A ce signal de leur prochaine destruction, ils eussent bien voulu revenir au roi de France ; mais il était trop tard, Gritti repoussa leurs prières et leurs supplications.

Le jour suivant, Gaston rencontra un corps de

cavalerie légère vénitienne, sous les ordres de Méléagre de Forli ; il le mit en déroute, et sans s'arrêter, le neuvième jour de son départ de Bologne, il campa dans les faubourgs de Brescia. Nemours fit aussitôt monter au château quelques capitaines pour reconforter le comte de Lude et son lieutenant le capitaine Hérigoye. La garnison, par manière de réjouissance tira vingt coups de canon sur la ville, qui se fut bien passée de cette sorte de fête. Le duc, le lendemain, monta lui même au château, suivi d'une partie de son armée ; on tint un conseil de guerre, et l'assaut fut décidé.

L'entreprise était audacieuse ; outre huit mille gens de pied et cinq cents hommes d'armes vénitiens, il y avait encore dans la ville quatorze mille hommes de milice et plus de vingt mille bourgeois sous les armes. Un large fossé, surmonté d'un boulevart garni d'artillerie, séparait la ville du château. Il fallait ensuite traverser un pont étroit avant d'arriver sur une esplanade, où l'armée de Gritti, rangée en bataille présentait un front de cavalerie qui devait infailliblement arrêter les Français, que la rapidité des lieux obligeait à descendre à pied. Enfin tout avait été préparé pour la plus vigoureuse résistance. Aussi le provéditeur Gritti affectait une grande confiance, il laissait en souriant plaisanter ses soldats sur l'âge et la bonne mine de Gaston, et disputer si l'on inhumerait les ennemis en terre sainte.

Les secours laissés dans Bologne avaient réduit l'armée française à douze mille hommes ; mais le nombre était compensé par le choix, « c'était toute fleur de chevalerie. » La valeur et les qualités brillantes de Gaston lui avaient dévoué le cœur et la vie de tous ses soldats ; jamais capitaine n'avait mieux possédé l'art d'amener les Français à ce degré d'exaltation où l'impossible ne les arrête plus.

L'ordonnance de l'assaut fut disposée ainsi : le seigneur de Molard ferait la première pointe avec ses gens de pied et les Gascons du capitaine Hérigoye. Après eux marcheraient les deux mille lansquenets du brave capitaine Jacob d'Empser, récemment passé an service du roi de France. Les capitaines Bonnet, Maugiron, de Clèves et autres, avec leurs compagnies au nombre d'environ sept mille hommes, viendraient ensuite. Sur leurs ailes, marcherait le duc de Nemours à la tête des gens d'armes et des gentilshommes de la maison du roi, sous la charge de Louis de Brézé, grand-sénéchal de Normandie, tous à pied, l'armet en tête, la cuirasse sur le dos et la pique à la main, comme simples aventuriers. D'Allègre reçut commission de garder avec trois cents cavaliers la porte Santo-Nazaro, la seule qui ne fût pas murée, et de repousser les fuyards dans la ville.

Personne ne trouva rien à redire à cette ordonnance, à l'exception de Bayart. Il était d'ailleurs connu dans l'armée que Nemours ne prenait guère conseil que de lui et de La Palice, que retenait au logis une blessure dangereuse reçue la veille.

« Monseigneur, dit-il au prince ; sauf votre révérence et celle de Messeigneurs, il me semble que nous avons oublié quelque chose. Vous envoyez le capitaine Molard faire la première pointe, et ni lui ni ses aventuriers ne sont gens à reculer ; mais les ennemis leur mettront également en tête l'élite de leurs troupes et pour sûr leurs arquebusiers. Or, en telle affaire, il s'agit toujours d'aller en avant, et les aventuriers, s'ils ne sont soutenus de gendarmerie, pourraient quelquefois être repoussés et jeter grand désordre dans notre attaque. Mon avis est de joindre à Monseigneur de Molard cent ou cent cinquante hommes d'armes qui soutiendront mieux, armés de toutes pièces, le feu que des gens armés à la légère. — Vous dites vrai, Monseigneur de Bayart, reprit Nemours ; mais quel est le capitaine qui voudra se mettre ainsi à la merci des arquebuses? — Ce sera moi, s'il vous plait, Monseigneur, et croyez que la compagnie dont j'ai la charge est faite pour servir le roi à pied comme à cheval. » Les capitaines se regardèrent les uns les autres, étonnés d'une offre si périlleuse, et la faveur qu'il sollicitait ne lui fut disputée par personne

Toutes choses ainsi réglées, le duc de Nemours, ému de pitié en considérant le sort qui s'apprêtait à la ville et à ses pauvres habitants, ne voulut avoir rien à se reprocher. Il dépêcha Bernard de Roquelaure, gentilhomme gascon, qui descendit avec un trompette du château, et parvint jusqu'au premier rempart, où se trouvaient le provéditeur André Gritti et ses principaux capitaines. Il demanda à entrer dans la ville pour s'acquitter de sa commission; mais le provéditeur lui dit : « que c'était inutile, et qu'à lui seul il appartenait de lui répondre. » Alors le seigneur de Roquelaure leur dénonça que s'ils voulaient rendre la ville, on les laisserait aller vies sauves, si non que s'ils étaient emportés d'assaut, pas un seul n'échapperait à la mort. Il lui fut répliqué « qu'il n'avait qu'à retourner d'où il venait, que Brescia dépendait des domaines de la République, et que les capitaines sauraient bien empêcher les Français d'y mettre le pied. » Les malheureux bourgeois se fussent volontiers rendus, mais on ne les consulta pas.

Roquelaure rapporta cette réponse au duc de Nemours, qui, sans plus attendre, rangea ses gens en bataille, et leur adressa ces paroles : » Or, mes amis, il ne reste plus qu'à bien faire, et ceux que vous allez combattre, vous les avez déjà nombre de fois mis en déroute. Ne vous laissez point intimider par l'or qui reluit sur les casques et les hauberts de la gendarmerie italienne : l'éclat de ces armes ne blesse pas plus celui qui attaque, qu'il ne défend celui qui les porte. Les biens de ces perfides et déloyaux habitants seront le prix de vos labeurs ; mais je jure de passer ce fer au travers du corps du premier qui abandonnera son rang avant l'entière défaite de nos ennemis. Allons, enfants, marchons au nom de Dieu et de monseigneur saint Denis! Il dit, et clairons, trompettes et tambourins remplirent l'air de ce tapage belliqueux qui réjouit l'oreille des braves et donne du cœur aux poltrons.

Le seigneur de Molard et le capitaine Hérigoye avançaient en tête avec leurs gens de pied, et sur leur aile le bon chevalier à pied avec tous ses gens d'armes. C'était une compagnie d'élite composée de guerriers blanchis sous le harnais, et même de plusieurs anciens capitaines, qui préféraient servir sous lui à commander ailleurs. Ils abordèrent le premier rempart sous une grêle de traits, d'arquebusades, et l'assaut et la résistance furent également terribles. André Gritti encourageait ses gens et leur disait : « Tenez bon, mes amis, les Français n'ont que la première pointe, ils seront bientôt las, c'est feu de paille qui ne dure guère. » Son éloquence n'empêchait pas les Français d'avancer toujours, et aux cris de France! France! Bayart! Fête-Dieu! Bayart! ils franchirent le rempart sur des monceaux de cadavres. Mais un capitaine vénitien, saisissant l'instant où le bon chevalier chancelait sur les décombres, l'atteignit au haut de la cuisse d'un coup de pique si violent que le bois se rompit, et que le fer demeura dans la blessure avec le reste du fût. La douleur qu'il ressentit ne l'empêcha pas de couper le bois avec son épée, et d'essayer d'avancer, nonobstant que la pointe fut restée bien avant dans sa cuisse; mais le sang jaillissait à gros bouillons, et s'il n'eut été soutenu par deux de ses archers, le bon chevalier allait mesurer la terre.

« Mon compagnon, dit-il au capitaine Molard, faites marcher vos gens et les miens, la ville est gagnée; pour moi je n'y entrerai point car je suis mort. » Le pauvre seigneur, désolé et furieux de la perte de son bon ami, fondit sur les ennemis, sacrifiant à sa vengeance tout ce qui se présentait devant lui.

Nemours, qui suivait de près, en apprenant la blessure mortelle que venait de recevoir Bayart à la prise du bastion, n'en ressentit pas moins de douleur que si lui-même il eût reçu le coup. « Messeigneurs, mes amis, s'écria-t-il, vengeons sur ces vilains la mort du plus accompli chevalier qui fut au monde; suivez-moi! » Les Vénitiens ne purent supporter le choc de cette intrépide cohorte, et se hâtèrent de gagner la ville, espérant lever le pont après eux; mais on ne leur en laissa pas le loisir, et les Français entrèrent dans l'enceinte pêle-mêle avec les fuyards. Les citadins, les femmes et les enfants faisaient pleuvoir des fenêtres, sur les Français, des pierres, des meubles, de l'eau bouillante, dont ils eurent plus à souffrir que des gens de guerre vénitiens. Gritti, le comte Avogadro, Contarini, le podestat Zustiani, et autres capitaines, jugeant toute résistance inutile, s'enfuirent à bride abattue vers la porte Santo Nazaro ; mais à peine eurent-ils fait abaisser le pont, que le seigneur d'Alègre et ses trois cents gendarmes se précipitèrent dessus et les refoulèrent dans la ville, où ils furent faits prisonniers.

Lorsqu'il n'y eut plus d'ennemis à combattre, le pillage commença. Tous les désordres que l'on peut supposer dans une ville prise d'assaut furent commis dans Brescia, moins encore par les Français que par les Gascons et surtout par les lansquenets ; pendant sept jours cette soldatesque effrenée, sourde à la voix de ses capitaines, épuisa sur cette ville malheureuse tous les genres de dissolution et de cruauté. Gaston parvint enfin à rétablir l'ordre parmi ses gens de guerre, et se hâta de faire enlever, de peur d'infection, plus de vingt mille morts. Puis on instruisit contre l'auteur de tous ces maux, le comte Louis Avogadro ; il eut la tête tranchée sur la grande place, et son corps fut mis en quatre quartiers aux portes de la ville.

Nous avons laissé le bon chevalier grièvement blessé à la prise du premier bastion et contraint de rester derrière avec ses deux archers. Quand ceux-ci virent la ville prise, ils arrachèrent une porte sur laquelle ils le couchèrent le plus doucement qu'ils purent, et l'emportèrent dans la maison la plus apparente du voisinage. C'était le logis d'un riche gentilhomme qui s'était enfui dans un monastère, laissant sa femme et ses deux filles à la garde de Dieu. Quand la dame entendit heurter à sa porte, croyant sa dernière heure venue, elle se soumit à son sort et alla ouvrir; mais au lieu d'un ennemi en fureur, le bon chevalier, pâle et couvert de sang, entra sur les bras de ses archers, auxquels il ordonna aussitôt de refermer la porte. « Gardez sur votre vie, leur dit-il, que personne, excepté mes gens, n'entre céans. Quand on saura que c'est mon logis, nul, j'en suis assuré, n'essaiera d'y entrer, et comme je suis cause que pour me secourir vous perdez votre part du butin, soyez sans inquiétude, je vous en dédommagerai. »

Il fut transporté en une fort belle chambre où le conduisit elle même la dame, qui, se jetant à genoux, lui dit: « Noble seigneur, je vous présente cette maison et tout ce qui est dedans, car je sais bien qu'elle est vôtre par le droit de la guerre, mais au nom de la bénoîte Vierge Marie, sauvez l'honneur et la vie de deux jeunes filles prêtes à marier que nous avons mon mari et moi. — Madame, lui répondit Bayart, je ne sais si je réchapperai de ma blessure, mais tant que je vivrai, vous et vos filles serez en sûreté comme moi-même. Seulement qu'elles ne paraissent pas ; gardez-les en leur chambre, où nul des miens ne sera assez hardi d'entrer contre votre vouloir. Calmez vos craintes, le gentilhomme que vous avez céans ne se fit onc gendarme pour s'enrichir en guerre. » A ces paroles, la bonne dame, toute rassurée, alla quérir ses filles qu'elle avait cachées en un grenier sous un tas de foin.

Bayart la fit prier de lui indiquer quelque chirurgien qui pût venir visiter sa plaie, pendant que son barbier préparerait les bandes. Elle courut elle-même, accompagnée d'un archer, en chercher un qu'elle connaissait à deux maisons de la sienne. Le chirurgien arrivé, la chausse fut rompue et la cuisse découverte. La blessure était large et profonde, et le fer de la pique encore dedans. « Allons mes maîtres, dit Bayart, tirez ce fer dehors — Seigneur répondit le Brescian pâle d'effroi, j'ai grand'peur que vous ne *syncopisiez* dans l'opération. — Non, non, j'ai su autrefois ce que c'est que de tirer un fer de chair humaine, tirez hardiment. » Ils se mirent à deux et arrachèrent le fer qui était « moult profond dans la cuisse. » Le bon chevalier ressentit la plus vive douleur; « mais il fut tout joyeux quand on l'assura qu'il n'y avait artère ni grosse veine blessées. »

Dès qu'il fut pansé, il demanda à son hôtesse où était son mari. La pauvre dame lui répondit en pleurant qu'elle ne savait s'il était mort ou vivant, mais que s'il avait échappé, il devait être dans une église qu'elle nomma. Bayart l'envoya chercher par son maître d'hôtel et deux archers, le traita fort amicalement, et lui renouvela les assurances qu'il avait données à sa femme.

Pendant une semaine environ que séjourna le duc de Nemours dans Brescia, il ne fut pas un seul jour sans aller au moins une fois visiter le bon chevalier, et le reconforter le mieux qu'il pouvait. « Hé! Monseigneur de Bayart, mon ami, lui disait-il, dépêchez-vous de guérir, car, d'ici à un mois il nous faudra livrer bataille aux Espagnols, et pour tout ce que je possède, je ne voudrais pas la donner sans vous! — Monseigneur, s'il doit y avoir bataille, croyez que, pour le service du roi et l'amour de vous, je me ferai plutôt porter en litière que de ne pas m'y trouver. » Le prince d'une générosité à l'avenant de ses autres qualités, combla Bayart de présents, et lui envoya, entre autres, la veille de son départ, cinq cents écus, que le bon chevalier partagea entre les deux archers qui l'avaient gardé lors de sa blessure.

La nouvelle des succès de son neveu et de la réduction de Brescia vint mêler une vive joie aux inquiétudes de Louis XII, menacé par les ennemis que lui suscitait de tout côté l'implacable Jules. Mais il sentit l'urgence de frapper un grand et dernier coup pour retenir le roi d'Angleterre, les Suisses et aussi Maximilien qui s'apprêtaient à envahir ses

Etats. Gaston reçut les ordres les plus pressants pour engager une bataille décisive, et un pareil capitaine n'avait pas besoin d'être stimulé.

Brûlant d'obéir à son oncle, Nemours s'avança dans la Romagne occupée par les confédérés. Leur armée la plus belle et la plus nombreuse qu'on eût vue depuis longtemps en Italie, était sous les ordres de don Ramon de Cardona, vice-roi de Naples et généralissime de la sainte ligue. Mais plutôt que d'exposer le sort de l'Italie au hasard d'un seul combat, Cardona l'évitait par les mêmes raisons qui le faisaient rechercher de Nemours. Il ne s'appliquait qu'à traîner la guerre en longueur, jusqu'à ce que Louis XII fut contraint de rappeler ses troupes à la défense du duché de Milan, de la Navarre et des côtes de Normandie. Ces lenteurs désespéraient Gaston, mais elles donnaient au bon chevalier le temps de guérir.

Tant que l'armée française ne fût qu'à Bologne, Bayart avait pris patience. Il était souvent visité par les capitaines demeurés à la garde de Brescia, et à peine restait-il seul que ses deux aimables hôtesses accouraient pour lui tenir compagnie. Assises autour de son lit, tantôt elles charmaient les douleurs et les ennuis du bon chevalier par les accords du luth et de l'épinette unis à leurs douces voix ; tantôt, les yeux baissés sur leur broderie, les gentes damoiselles s'épanchaient avec lui dans de naïves conversations. « Aussi bonnes que belles et bien enseignées, » Bayart à les voir et à les entendre, avait quelquefois oublié et Nemours et la bataille ; mais lorsque arriva la nouvelle que le duc avançait sur les ennemis, tous ces passetemps eurent perdu leur effet sur le bon chevalier. Son impatience l'arracha de son lit, et, sans écouter ses serviteurs, il se met à marcher dans la chambre pour essayer ses forces. Son grand cœur lui dissimula sa faiblesse, et il envoya quérir son chirurgien pour lui demander à partir. Celui-ci en homme expérimenté, jugea que son inquiétude lui serait plus dangereuse que le voyage : « Monseigneur, lui répondit-il, votre plaie n'est pas encore cicatrisée, toutefois elle est guérie au dedans. Votre barbier va bien examiner la manière dont je vous panse ; matin et soir il mettra sur la blessure un onguent que je lui baillerai, et comme la partie souffrante n'appuiera pas sur la selle de votre cheval, la guérison s'achèvera d'elle-même. »

Qui eût donné dix mille écus à Bayart, ne lui eût pas fait autant de plaisir, et son chirurgien se ressentit de sa joie et de son contentement. Il résolut de partir le surlendemain, et donna ordre à ses gens de préparer ses équipages.

La nouvelle de son départ jeta dans un étrange embarras son hôte et son hôtesse, qui se regardaient toujours comme ses prisonniers, eux et leurs enfants, et s'attendaient à être traités de même sorte que les autres habitants de la ville. Les Français, après en avoir tiré de grosses rançons, leur avaient fait racheter jusqu'aux meubles de leurs maisons. La dame du logis savait bien que si le capitaine voulait en user à la rigueur et à proportion de leur fortune, il pouvait espérer d'eux au moins dix ou douze mille écus. Encouragée par sa noble conduite et sa courtoisie, elle se résolut à lui faire quelque honnête présent, dont il se contenterait sans exiger davantage.

Le matin du jour de son départ, la dame, avec un de ses serviteurs portant une petite cassette damasquinée, entra dans la chambre du bon chevalier qui se reposait en un fauteuil, après s'être longtemps promené pour fortifier sa jambe. Elle se jeta à deux genoux ; mais il la releva sur-le-champ, et ne voulut jamais souffrir qu'elle dit une parole avant d'être assise auprès de lui. « Monseigneur, lui dit-elle, je rendrai grâces à Dieu toute ma vie de ce qu'il lui a plu, dans le sac de notre ville, de vous adresser en notre maison pour le salut de mon mari, celui de mes deux filles et le mien. Depuis que vous y êtes entré, n'a été faite au moindre de mes serviteurs une seule injure par vos gens, et ils n'ont pris la valeur d'un denier sans payer. Nous savons bien cependant, Monseigneur, que nous sommes tous vos prisonniers, et que tout céans vous appartient ; mais connaissant la noblesse de votre cœur, je suis venue pour vous supplier très-humblement qu'il vous plaise avoir pitié de nous, et vous contenter d'un petit présent que voici. »

Alors elle prit la cassette des mains de son serviteur, et l'ouvrit devant le bon chevalier, qui la vit pleine de beaux ducats. Le noble seigneur, « qui oncques en sa vie ne fit cas de l'argent, » lui demanda en souriant : « combien de ducats y a-t-il dans cette boîte ? » La pauvre dame craignit qu'il ne fut courroucé d'en voir si peu, et lui répondit en tremblant qu'il n'y avait que deux mille cinq cents ducats, mais que s'il n'était pas content, ils tâcheraient d'en trouver davantage. » Par ma foi, Madame, il n'en est besoin! quand vous me donneriez cent mille écus, ils ne vaudraient pour moi les soins que vous m'avez prodigués depuis qu'on m'apporta en votre maison blessé et mourant. J'en garderai la souvenance tant que Dieu me donnera vie, et en quelque lieu que je me trouve, vous aurez en moi un serviteur à votre commandement. De vos ducats, je n'en veux point, et vous en remercie. Reprenez-les ; toute ma vie j'ai préféré l'amitié des gens à leurs écus. » La dame toute ébahie d'un refus pareil, insista, ajoutant que s'il refusait cette faible marque de sa reconnaissance, elle se regarderait comme la femme la plus malheureuse du monde. Quand le bon chevalier vit qu'elle le priait de si bon cœur : « Eh bien ! madame, lui dit-il, puisque vous le voulez absolument, je l'accepte pour l'amour de vous ; mais allez-moi quérir vos deux filles, afin que je leur fasse mes adieux. » La bonne dame, ravie de ce que son présent était enfin accepté, courut chercher ses filles. Elle les amena au bon chevalier, qui, pendant qu'elles descendaient, avait fait mettre l'argent en trois portions, deux de mille et une de cinq cents ducats. Les damoiselles se précipitèrent à ses genoux, où « le courtois gentilhomme ne les laissa guère. »

« Monseigneur, lui dit la plus âgée, qui pouvait bien avoir dix-huit ans, les deux pauvres filles qui vous doivent la vie et l'honneur, viennent prendre congé de vous, et vous remercier de la grâce que vous leur avez faite, dont à jamais, pour n'avoir d'autre puissance, seront tenues de prier Dieu pour vous. » Bayart, tout ému de la douceur et de l'humilité de ces deux jeunes filles, leur répondit : « Mes damoiselles, vous faites ce que je devrais faire, c'est à moi de vous remercier de la compagnie que vous m'avez tenue ; je voudrais bien vous en pouvoir témoigner ma reconnaissance ; mais vous savez que nous autres gens de guerre sommes d'ordinaire peu chargés de belles choses à présenter aux dames. Or, voici madame votre mère qui m'a donné deux mille cinq cents ducats que vous voyez sur cette table ; je vous en donne à chacune mille pour vous aider à vous marier, et ne vous demande autre retour que de prier Dieu, s'il vous plait, pour moi.

Il leur mit bon gré mal gré, les ducats en leurs

tabliers ; puis s'adressant à la mère : « Madame , je retiendrai ces cinq cents ducats à mon profit, pour les distribuer aux pauvres couvents de dames qui ont été pillés, et je vous prie de vous charger de ce soin, car mieux que moi vous connaitrez ceux qui ont le plus souffert ; et sur cela je prends congé de vous. » Puis il leur toucha à toutes en la main , « à la mode d'Italie. » Les damoiselles se mirent à pleurer à chaudes larmes et la mère lui dit en sanglottant : « Fleur de la chevalerie à qui nul ne se doit comparer, que notre divin sauveur et rédempteur Jésus-Christ vous le veuille rémunérer en ce monde-ci et en l'autre ! » Elles se retirèrent dans leur chambre ; Bayart fit appeler son maître d'hôtel, et lui ordonna que tout fût prêt à midi pour monter à cheval.

Le gentilhomme du logis , qui venait d'apprendre de sa femme la grande courtoisie de son hôte, courut à sa chambre, et, un genou en terre, le remercia cent mille fois, en lui offrant sa personne et tous ses biens ! Le bon chevalier lui rendit grâces , et l'engagea à dîner avec lui. Il ne resta pas longtemps à table, et demanda bientôt ses chevaux, tant il lui tardait de rejoindre ses compagnons mourant de crainte que la bataille ne se donnât avant son arrivée.

Comme il sortait, les deux damoiselles descendirent, et lui offrirent chacune un présent qu'elles avaient ouvré durant sa maladie ; c'était une paire de jolis bracelets tissus de fil d'or et d'argent , et une bourse brodée sur satin cramoisi d'un travail merveilleux. Le bon chevalier les reçut comme s'ils eussent valu dix mille écus, et pour faire honneur à leurs dons il se fit mettre en leur présence les bracelets aux bras, et serra la bourse en sa manche, leur assurant que tant qu'ils dureraient, il les porterait pour l'amour d'elles.

A ces mots il monta à cheval, et fut accompagné l'espace de deux à trois milles, de son compagnon et parfait ami, le seigneur d'Aubigny, que le duc avait laissé à la garde de Brescia; puis ils se firent leurs adieux et se séparèrent. Le bon chevalier arriva au camp le mercredi soir, septième jour d'avril avant Pâques, et il ne faut pas demander de quelle manière il fut reçu par le duc de Nemours et les autres capitaines; « hommes d'armes et aventuriers en montraient tant de joie, qu'il semblait qu'en lui seul l'armée eût reçu un renfort de dix mille hommes. »

CHAPITRE XV.

Escarmouche du bon chevalier avec les Espagnols. — Bataille de Ravenne. — Nemours oublie les conseils de Bayart, et périt victime de son imprudence. — Deuil de l'armée. — Pendaison du capitaine Jacquin.

1512.

Gaston, n'osant entreprendre d'attaquer les ennemis constamment retranchés dans leurs lignes, résolut d'assiéger Ravenne, de l'emporter sous leurs yeux, ou de les attirer en rase campagne. Il ne pouvait tenir davantage dans sa position : d'un côté les Vénitiens, les Espagnols de l'autre coupaient les vivres à son armée, qui manquait déjà de viande et de pain. Il était encore menacé d'un autre contre-temps : le pape avait exigé que Maximilien, en exécution de la trêve qu'il venait de conclure avec les Vénitiens et lui, rappelât tous les Allemands qui servaient dans les troupes du roi de France. L'empereur avec son inconstance ordinaire, oublia tout ce qu'il devait à Louis XII, et manda à ses capitaines qu'ils eussent à se retirer, sous peine de la vie, à la réception de ses ordres.

Heureusement cette dépêche tomba entre les mains du capitaine Jacob d'Empser, dont le cœur était plus français qu'allemand, et qu'une noble conformité d'inclination avait intimement lié avec le bon chevalier depuis le siège de Padoue. Ce brave capitaine confia à son ami l'ordre, qu'il n'avait encore communiqué à personne, de crainte que les lansquenets ne se le tinssent pour dit. Bayart le remercia de sa noble conduite et l'engagea à le suivre au logis du général en chef. La confidence du capitaine Jacob ne fit que confirmer le duc de Nemours dans la résolution d'attaquer au plus tôt les confédérés. On tint un conseil de guerre, et sur l'heure tout le camp fut averti de se préparer à la bataille. Mais il s'agissait de connaitre la disposition et la contenance des troupes espagnoles, et Gaston jugea que nul de ses capitaines ne lui en rendrait meilleur compte que Bayart. Celui-ci accepta la commission avec empressement, et promit au duc que le lendemain avant midi il aurait vu les ennemis de si près qu'il lui en rapporterait de bonnes nouvelles. Roger de Béarn, aventureux chevalier, lieutenant de la compagnie du duc de Nemours, entendit cette réponse, et pensa en lui-même que le seigneur de Bayart serait levé bien matin s'il partait avant lui. Il courut incontinent prévenir ses gens d'armes de se tenir prêts à le suivre dès que le jour commencerait à poindre.

Quant au bon chevalier, il prit congé du prince, et de retour en son logis, fit appeler son lieutenant, le capitaine Pierre Pont, son enseigne, son guidon et quelques anciens de la compagnie, avec lesquels il concerta le plan de son expédition. Chacun comprit parfaitement ce qu'il avait à faire, non-seulement les capitaines, mais aussi les simples hommes d'armes, qui la plupart eussent été capables d'en commander d'autres. Ils se retirèrent pour aller prendre quelque repos, en attendant la trompette, qui les réveillerait au point du jour. La troupe prit les armes ; les enseignes de Lorraine furent déployées, et tous les cœurs se réjouirent à la vue des glorieux écussons que la duchesse avait brodés de ses propres mains dans son palais de Nancy. Echelonnée en trois bandes, d'après les dispositions arrêtées la veille, la compagnie se mit aux champs. Le bon chevalier ne savait rien de l'entreprise du baron de Béarn, qui l'avait devancé. Tout alla bien d'abord pour le baron ; mais les Espagnols, qu'il avait trop chaudement éveillés, furent en un instant sous les armes, et pointèrent sur sa troupe trois ou quatre couleuvrines, qui jetèrent le désordre dans tous les rangs et bon nombre d'archers par terre. Ces coups de canon furent immédiatement suivis de cent vingt hommes d'armes qui vinrent fondre sur Béarn et ses gens, et les forcèrent de reculer au pas, puis au trot, et bientôt au grand galop. Ils retombèrent en déroute sur l'avant-garde de Bayart, qui sur-le-champ s'avança lui-même et réunit ses escadrons en une seule compagnie. Avec sa présence d'esprit ordinaire, il rallia les fuyards, et prenant bientôt l'offensive, fondit sur les Espagnols, qu'il rompit et poursuivit jusqu'au milieu de leur camp. C'était plus qu'on ne pouvait espérer pour ce jour là. Il fit incontinent sonner la retraite et se retira devant les troupes nombreuses que cette alerte avait éveillées, sans avoir perdu un seul homme.

Le duc de Nemours, instruit du succès de l'escarmouche du bon chevalier, accourut l'embrasser en lui disant : « C'est à vous seul, monseigneur de Bayart, qu'il appartient d'aller aux escarmouches, car vous savez aller sagement et revenir de même.

Ce même soir, qui fut la veille de la bataille de Ravenne, âpre et cruelle journée que maudiront à jamais Français et Espagnols, le duc rassembla les capitaines de son pavillon. Après leur avoir répété les motifs qui rendaient une action définitive de plus en plus urgente : « si la fortune nous favorise, ajouta-t-il, nous en louerons et remercierons Dieu ; si elle nous est contraire, que sa volonté soit faite. Mais si le ciel m'oublie à ce point de me faire perdre la bataille, qu'il prenne aussi ma vie, je ne l'épargnerai point, et les Espagnols seront bien lâches s'ils me laissent vivant. Soyez tous témoins, Messeigneurs, de l'engagement que je contracte devant vous. » Les capitaines, la main sur la garde de leurs épées, jurèrent de vivre ou de mourir avec lui, et, d'un accord unanime, il fut décidé que le lendemain, jour de Pâques, on irait trouver l'ennemi.

Dès que le jour parut, le duc de Nemours sortit de sa tente revêtu d'une brillante armure, et l'armée se mit en marche. C'était aux lansquenets à passer les premiers le pont ; mais le capitaine Molard cria à ses aventuriers : « Comment compagnons, sera-t-il dit que les lansquenets ont joint l'ennemi avant nous ? quant à moi, j'aimerais mieux qu'il m'en coûtat un œil ! » Les allemands obstruaient le passage, et Molard se jeta dans la rivière, suivi de tous ses gens, qui, nonobstant qu'ils eussent de l'eau jusqu'à la ceinture, atteignirent l'autre bord avant les lansquenets. L'artillerie et le reste de l'armée se mirent à la file. Le bon chevalier, s'approchant du prince, lui dit : « Monseigneur, vous plairait-t-il, en attendant le passage, de vous ébattre un peu le long de la rivière ? A quelques pas d'ici on découvre l'armée d'Espagne. » Le duc, accompagné de Lautrec, d'Yves d'Alègre et d'une vingtaine d'autres seigneurs, se rendit à l'endroit que lui indiquait Bayart. On apercevait un grand mouvement sur les hauteurs du Mulinacio, les enseignes espagnoles s'agitaient et les capitaines parcouraient les retranchements en assignant à chacun son poste. » Monseigneur de Bayart, dit le prince, savez-vous que si nous voyons bien les ennemis, nous sommes aussi en belle vue ? quelques arquebusiers embusqués sur l'autre rive, pourraient nous choisir à leur aise. » Comme il disait ces mots, don Pedro de Paz, chef des génétaires espagnols, parut au bord de la rivière accompagné de vingt-cinq à trente gentilshommes à cheval.

Bayart s'avança jusque sur la grève de Ronco, qui se rétrécissait en cet endroit, et salua les Espagnols en leur disant: « Messeigneurs, vous vous ébattez comme nous, en attendant que la partie commence ; je vous prie, que l'on ne tire point de votre côté, on ne tirera point du nôtre » Don Pedro y consentit, et lui demanda s'il pouvait savoir à qui il parlait. Quand il sut que c'était au capitaine Bayart, si renommé dans les guerres de Naples, il lui dit : « Sur ma foi, monseigneur de Bayart, encore que nous n'ayons rien gagné à votre arrivée, et que j'en tienne votre camp renforcé autant que de deux mille hommes, je n'en suis pas moins aise de vous voir, et plût à Dieu qu'une bonne paix entre votre maître et le mien nous permît de deviser quelque peu ensemble, car tout le temps de ma vie j'ai désiré l'amitié d'un aussi preux gentilhomme que vous. » Bayart, avec sa courtoisie habituelle, lui rendit le change au double. « Seigneur, reprit don Pedro, voudriez-vous bien me dire quel est ce seigneur de si bonne prestance à qui les vôtres semblent porter tant d'honneur ? — C'est notre chef le duc de Nemours, neveu de notre roi et frère de votre reine. »

« A peine avait-il achevé, que tous les Espagnols, mettant pied à terre, s'avancèrent à l'extrémité de la rive, précédés de don Pedro de Paz qui adressa en se découvrant, ces paroles au noble prince : « Sauf l'honneur et le service du roi notre maître, nous prions votre altesse de croire qu'elle n'a pas de serviteurs plus dévoués que nous. » Nemours les remercia avec affabilité ; puis il ajouta : « Messeigneurs, cette journée va décider à qui de vous ou de nous demeurera la campagne ; mais n'y aurait-il aucun moyen d'éviter l'effusion du sang de tant de braves gens ? Si votre vice-roi voulait vider ce différend de sa personne à la mienne, je m'engage, en mon nom et en celui de tous les miens, si je suis vaincu, à vous abandonner ce pays et à retourner au duché de Milan ; si votre vice-roi succombe, à votre tour vous vous retirerez au royaume de Naples. » Le marquis de la Paluda lui répliqua sur-le-champ : « Je ne doute pas que l'effet ne répondit aux paroles de Votre Altesse, mais notre vice-roi ne se fiera point tant à sa personne qu'il accepte telle proposition. — Adieu donc, Messeigneurs, dit Nemours aux Espagnols, je m'en vais passer l'eau, et promets à Dieu de ne la point repasser que le camp ne soit vôtre ou nôtre. »

Le duc traversa le Ronco, et rangea son armée en bataille sans être inquiété par les ennemis, qui, d'après les avis de Pietro Navarro, oracle du vice-roi, s'obstinaient à attendre les Français derrière leurs retranchements. L'armée française s'arrêta à deux cents pas du fossé qui couvrait dans toute sa longueur les troupes espagnoles, et pendant deux heures on ne fit que se canonner de part et d'autre. L'artillerie espagnole, disposée par Pietro Navarro, maltraîtait horriblement l'infanterie française. Le brave seigneur de Molard et le capitaine Philippe de Friberg furent emportés d'un même coup de canon, et plus de deux mille soldats jonchaient la terre avant qu'on en fut venu aux mains.

Cependant quelques pièces de canon que Bayart et d'Alègre avaient fait habilement pointer sur la cavalerie de Fabrizio Colonna, ne causaient pas de moindres ravages dans ses rangs ; mais Pietro Navarro lui avait fait donner l'ordre le plus précis d'attendre les Français derrière les fossés.

Celui-ci patientait à la tête de son infanterie couchée à plat ventre au-dessous de la gendarmerie de Fabrizio ; car, pourvu qu'il la conservât intacte, la victoire lui paraissait assurée. Cependant les hommes d'armes de Colonna blasphémaient de périr ainsi sans tirer l'épée. Bientôt il ne fut plus possible à leur chef de les retenir ; sans plus attendre, ils sortent de leur camp et débouchent dans la plaine. Pietro Navarro fut contraint de les suivre avec son infanterie, qui, se relevant fièrement, engagea le combat avec les aventuriers et les lansquenets qui se trouvaient vis-à-vis d'elle.

La cavalerie de Fabrizio Colonna, au lieu de marcher droit à l'avant-garde, opéra un circuit pour donner sur le corps de bataille où se trouvait Nemours à la tête d'une petite troupe de gendarmes. Ceux-ci joyeux d'en venir les premiers aux mains, baissèrent leurs visières, et, la lance en arrêt, marchèrent à leur rencontre. Fabrizio divisa soudainement ses hommes d'armes en deux corps pour envelopper ce faible escadron. Le bon chevalier s'aperçut de la ruse, et dit au duc de Nemours : « Monseigneur, suivons leur exemple jusque après le passage du fossé, car ils nous veulent enclore. » Cette manœuvre fut exécutée sur-le-champ.

Les Espagnols joignirent les Français en faisant un grand bruit et poussant leurs cris de guerre accoutumés : « Espagne ! Saint Jacques ! à cheval ! » Ils furent âprement reçus par la gendarmerie de Gaston qui criait : France ! France ! aux chevaux ! aux chevaux ! et qui, de même que les Espagnols, ne visait qu'à démonter ses ennemis. Cependant les Espagnols étaient de moitié plus nombreux que les Français, et le combat devenait périlleux. Le seigneur d'Alègre courut à l'avant-garde, et distinguant de loin, à ses couleurs, la bande de messire Robert de La Mark, il lui cria : « Blanc et noir, marchez, marchez » et aussi : « Crussol et les archers de la garde, marchez ! » Le seigneur de La Palice et le duc de Ferrare, jugeant que d'Alègre ne les appelait point sans un pressant besoin, les firent incontinent partir à bride abattue. L'inégalité du nombre n'avait point empêché le duc de Nemours de faire perdre du terrain à Fabrizio Colonna, et l'arrivée de ce renfort redoubla la vivacité de l'attaque. A la fin les ennemis furent contraints de céder le champ de bataille, laissant sur les deux bords du fossé environ quatre cents hommes d'armes, outre plusieurs seigneurs espagnols et napolitains faits prisonniers et reçus à quartier.

Chacun se mit à la poursuite, et le duc de Nemours comme les autres, lorsque Bayart, apercevant ce prince tout couvert du sang et de la cervelle d'un de ses gendarmes emporté d'un coup de canon à ses côtés, l'arrêta et lui demanda s'il n'était point blessé. « Non, répondit-il, Dieu merci! mais j'en ai blessé bien d'autres! — Or, Dieu soit loué, répliqua le bon chevalier, vous avez gagné la bataille, et demeurez aujourd'hui le plus honoré prince du monde. Mais ne tirez plus avant, rassemblez votre gendarmerie en ce lieu, et empêchez surtout qu'on ne se mette au pillage, car il n'est pas encore temps. Le capitaine Louis d'Ars et moi allons après les fuyards, de crainte qu'ils ne se rallient aux gens de pied, et pour homme vivant, ne départez point d'ici, Monseigneur, que le capitaine et moi ne vous venions quérir. » Le duc le lui promit, mais, pour son malheur il ne tint pas parole.

Pendant que les gendarmeries de France et d'Espagne étaient aux prises, les gens de pied des deux nations se battaient avec une égale furie, mais avec une fortune différente. Les Gascons et les Picards n'avaient pu soutenir les redoutables phalanges de Pietro Navarro. Deux enseignes espagnoles, formant environ douze cents hommes, rompirent les Français et passèrent au travers de leurs bataillons, laissant sur la place une foule de morts. Reconnaissant bientôt que la bataille était perdue, cette intrépide cohorte ne voulut point retourner sur ses pas, mais perça outre, et se jeta sur une étroite et longue chaussée qui conduisait à Ravenne.

Du Fay et ses archers rencontrèrent les Espagnols en chemin et les forcèrent à faire volte-face ; mais n'ayant point de gens de pied avec eux, ils les laissèrent aller et revinrent au fort de la bataille. Les deux enseignes continuèrent leur retraite en bon ordre, chassant devant elles quelques Gascons débandés, qui s'enfuirent vers l'endroit où Nemours avait promis à Bayart de l'attendre. Gaston apercevant quelques piétons en désordre qui fuyaient de son côté, courut au devant d'eux en leur demandant ce que c'était. Un maraud d'aventurier lui répondit : « Ah Monseigneur, ce sont les Espagnols qui nous ont défaits. » Le pauvre prince croyant le mal plus grand qu'il n'était s'écria : « Qui m'aime me suive ! » et accompagné de quatorze ou quinze gens d'armes, il va se précipiter en désespéré sur cette bande de douze cents hommes. Les Espagnols les reçurent en gens déterminés à vendre chèrement leur vie, et les cavaliers français gênés par le peu de largeur de la chaussée, furent tous tués ou précipités dans l'eau. Le cheval du prince eut les jarrets coupés, et Nemours se jetant à bas l'épée à la main, ne résista avec pas moins de vaillance « que jadis Roland à Roncevaux. » Son cousin, le seigneur de Lautrec, le secondait avec une intrépidité pareille, en criant de toutes ses forces aux Espagnols : « Ne le tuez pas, c'est notre vice-roi, le frère de votre reine ! » Malgré ses cris ils l'achevèrent, et le pauvre duc resta sur la place, « percé de tant de coups, qu'il en avait quatorze ou quinze seulement depuis le menton jusqu'au front ; et par là montrait bien le gentil seigneur qu'il n'avait pas tourné le dos. »

Cependant le bon chevalier et Louis d'Ars poursuivaient les fuyards, et achevaient la déroute des gens d'armes espagnols. Le vice-roi de Naples, bien digne du surnom de *signora Cardona*, que lui donnait le pape, s'enfuyait un des premiers. Il quittait son cheval pour monter sur un meilleur coureur, lorsque Bayart paraissant, le força à se sauver sur le même et à lui abandonner l'autre. C'était un des plus beaux coursiers que l'on pût voir, et le bon chevalier en fit présent dans la suite à son capitaine, monseigneur de Lorraine.

Bayart revenait trouver le duc de Nemours, accompagné seulement de trente à quarante hommes d'armes excédés de fatigue, lorsqu'il rencontra sur la chaussée les deux enseignes espagnoles qui poursuivaient leur retraite en bon ordre. Il se mit en devoir de les charger ; mais leur capitaine sortit des rangs et lui dit en son langage : « Seigneur, que voulez-vous ? Vous voyez bien que vous n'êtes pas assez en forces pour nous défaire. Vous avez gagné la bataille et tué tous nos gens, qu'il vous suffise de cet honneur et laissez aller de pauvres fantassins échappés par miracle. » Le bon chevalier reconnut la vérité de ces paroles, et voulut bien y acquiescer, à condition qu'ils lui rendraient leurs enseignes. Elles lui furent livrées : les Espagnols ouvrirent leurs rangs, les Français passèrent au milieu, et ils continuèrent chacun leur route. Hélas ! si Bayart eût su que le bon duc de Nemours venait de périr sous leurs coups, il n'était point de quartier à espérer pour eux, et il serait plutôt « mort de dix mille morts » que de ne pas le venger ! Il se hâtait de rapporter à Gaston les enseignes qu'il venait de conquérir, et il arriva pour les déposer sur son cadavre.

La consternation régnait dans l'armée française ; la douleur s'exhalait en pleurs et en gémissements, et jamais soldats ne menèrent un si grand deuil de la mort de leur général. Ils perdaient en lui un prince de vingt-deux ans, qui avait remporté en peu de jours plus de victoires que les plus grands capitaines dans le cours d'une longue vie, et que ses ennemis eux-mêmes avaient surnommé le *Foudre de l'Italie*.

Il périt dans cette bataille de Ravenne, une des plus sanglantes qu'on eût vues en Italie depuis « la bataille de Cannes, » douze mille Espagnols et environ six mille Français; mais, à ne considérer que l'importance des morts, leur perte surpassa celle des ennemis. Il se trouva autant de capitaines français tués que de capitaines espagnols prisonniers, et l'on comptait plus de cinquante de ces derniers. « Plût à Dieu, s'écria douloureusement Louis XII à cette nouvelle, que j'eusse perdu tous les Etats que je possède en Italie, et que mon neveu et tant de braves capitaines fussent encore en vie! Que le ciel, dans sa colère, réserve de semblables victoires à mes ennemis! »

Le lendemain, la ville de Ravenne demanda à capituler; mais pendant que l'on était en pourparler, le capitaine Jacquin Caumont s'en vint fureter autour des murailles, et apercevant une brèche que l'on négligeait de garder, il résolut de profiter de l'occasion. En un instant il fut dans la ville, à la tête de ses compagnons, les aventuriers, charmés comme lui de venger la mort de leur capitaine en s'enrichissant des dépouilles de l'ennemi. Toute l'armée suivit leur exemple, et cette riche et malheureuse cité fut pillée et saccagée avant que les généraux français eussent pu s'y opposer. Le seigneur de La Palice, que la mort du duc de Nemours avait appelé au commandement de l'armée, fit soigneusement rechercher les auteurs de cette violation des droits de la guerre. Le capitaine Jacquin fut pris au milieu des aventuriers et des Allemands, qui menaçaient de se mutiner ; mais ils eurent beau faire, il fut pendu et étranglé sur la grande place de Ravenne. Encore, si les prédictions de l'astrologue de Carpi n'eussent atteint que ce misérable !

La victoire de Ravenne aurait entraîné de grandes suites sans la mort du duc de Nemours ; mais on eût dit que toute la vigueur de l'armée avait péri avec lui. Le pillage occasionna une immense désertion; les Allemands se retirèrent aux ordres de l'empereur, et bientôt l'armée victorieuse au lieu de marcher sur Rome, comme l'avait projeté Gaston, battit en retraite. Les intrigues du roi d'Aragon et du pape, plus heureuses que leurs armes, avaient créé au roi de France de nouveaux ennemis, et trente mille Suisses et Vénitiens se préparaient à fondre sur Milan.

Le premier soin de l'armée française, à son retour dans cette ville, fut de célébrer les funérailles du duc de Nemours. Jamais cérémonie plus imposante n'accompagna un roi dans sa tombe ; il s'y trouva plus de dix mille hommes, la plupart à cheval et en deuil. Les principaux prisonniers, tels que Pietro Navarro, Fabrizio Colonna, les marquis de La Paluda, de Pescaire, de Padilla et le cardinal de Médicis, depuis Léon X, furent contraints d'accompagner le corps de Gaston, et d'orner à pied, tête nue, le triomphe funèbre de leur vainqueur.

CHAPITRE XVI.

Les Français évacuent l'Italie. — Bayart est encore dangereusement blessé. — Il se rend à Grenoble. — Sa maladie et sa convalescence. — Guerre de Navarre. — Plaisante altercation entre le bon chevalier et les lansquenets.

1512.

Dix-huit mille Suisses, sous la conduite du cardinal de Sion, descendirent de leurs montagnes, portant le fameux étendard qu'ils avaient reçu du Pape. Ils furent rejoints par les troupes vénitiennes et pontificales, et ces forces réunies composèrent une armée de plus de trente mille hommes, à laquelle La Palice n'était point en état de résister. Le maréchal fut donc contraint de battre en retraite sur Pavie, où il résolut de se maintenir; mais à peine s'y trouva-t-il, que les Suisses se présentèrent aux portes, et, introduits, on ne sait comment, dans la ville, pénétrèrent jusque sur la grand' place. Le capitaine d'Ars, gouverneur de Pavie, fit incontinent sonner l'alarme, et accourut à la rencontre des Suisses, accompagné de quelques gens de pied et de cheval. Il fut bientôt rejoint par les seigneurs de La Palice, d'Humbercourt et de Bayart, qui firent merveilles d'armes ; mais il était trop tard pour chasser les Suisses de Pavie, et il fallut se résoudre à l'évacuer sous le feu de l'ennemi.

Les autres capitaines défilèrent avec l'artillerie sur un pont de bois qu'on avait prudemment jeté sur le Tésin, pendant que Bayart arrêtait les Suisses avec trente-six de ses hommes d'armes. Il soutint leurs efforts plus de deux heures, et, quoiqu'il eût eu deux chevaux tués sous lui, il n'avait pas encore perdu un pouce de terrain ; mais sur ces entrefaites le capitaine Pierre Pont, qu'il avait détaché pour observer les mouvements de l'ennemi, vint l'avertir que les Suisses passaient dans des bateaux, à dessein de s'emparer de l'autre extrémité du pont. Alors le bon chevalier recula au petit pas, et après de rudes assauts, parvint à gagner la rive opposée. Trois cents aventuriers qui tenaient ferme à la tête du pont furent moins heureux que lui. Il ne restait plus à passer de toute l'artillerie, qu'une énorme couleuvrine prise sur les Espagnols à la journée de Ravenne, et que les soldats ne pouvaient se décider à abandonner. La pesanteur de cette pièce enfonça la première barque du pont, et les pauvres aventuriers n'eurent d'autre ressource que de se jeter dans le Tésin, où pour la plupart ils furent noyés.

Mais les malheurs de cette journée n'étaient point encore finis : Bayart se tenait à l'autre bord, attentif à recueillir les victimes échappées à ce désastre, lorsqu'un coup de fauconneau parti de la ville, le frappa entre l'épaule et le cou, et lui emporta la chair jusqu'aux os. Ceux qui virent le coup le crurent mortel, mais le bon chevalier, qui s'effrayait difficilement, dit à ses compagnons : « Messeigneurs, ce n'est rien... » Cependant le sang coulait en abondance, et on eut bien de la peine à l'étancher. Comme il ne se trouvait pas là de chirurgien, ses soldats déchirèrent leurs chemises, mirent dessus la blessure de la mousse d'arbre, et la bandèrent le mieux qu'ils purent. Le bon chevalier remonta gaillardement à cheval, et suivit l'armée, toujours à son même poste, à l'arrière garde.

Les débris des troupes françaises gagnèrent Alexandrie, et repassèrent les Alpes, sans conserver d'autres places en Italie que les citadelles de Crémone, de Milan et de Brescia. Cette armée, qui, le 11 Avril 1512, campait victorieusement sur les bords de la mer Adriatique, se trouva, sans avoir perdu une seule bataille, repoussée au delà des monts le 28 juin de la même année.

Le bon chevalier se rendit droit à Grenoble pour visiter son bon oncle l'évêque, qu'il n'avait pas vu depuis bien longtemps. Laurent des Alleman reçut son neveu avec une satisfaction difficile à décrire, et le fit loger à l'évêché, où il n'y eut pas de soins et d'attentions qu'il ne lui prodiguât. Les gentilshommes, les dames de la ville et des alentours s'empressèrent d'aller rendre visite à un guerrier, l'honneur non seulement de sa famille, mais de tout le Dauphiné. Ils ne pouvaient se lasser de lui exprimer leur admiration par des louanges qui embarrassaient fort le modeste seigneur.

Mais soit les fatigues de la guerre, soit quelques ressentiments de sa blessure, le bon chevalier fut saisi d'une fièvre continue qui, au bout de dix-sept jours d'accès, l'avait tellement affaibli, que l'on désespérait de sa vie. Le pauvre gentilhomme, désolé de mourir dans son lit, adressait au ciel des prières et des complaintes qui arrachaient des larmes à tous ceux qui l'entouraient. Tantôt c'était à Dieu même, tantôt à monseigneur saint Antoine, si renommé dans le Viennois, que le pieux guerrier offrait ses touchantes doléances.

Le digne évêque ne désemparait le chevet de son neveu que pour aller dans son oratoire offrir à Dieu ses prières et ses larmes. Gentilshommes, bourgeois, marchands, religieux et religieuses remplissaient nuit et jour les églises de Grenoble, faisant des oraisons et des neuvaines pour sa conservation. Leurs prières furent enfin exaucées : la fièvre diminua peu à peu, et commença à laisser quelque répit à Bayart. Ensuite elle le quitta tout-à-fait, et l'appétit lui revint, de sorte qu'en trois semaines de soins et de ménagements sa guérison fut complète. Il se remit à monter à cheval aux alentours de Grenoble, à visiter ses amis, de maison à maison, à prendre part aux fêtes et aux banquets dont sa convalescence fut l'objet.

Il n'était pas dans la nature de Bayart de prolonger son séjour au logis lorsqu'il y avait ailleurs des périls à courir. Après avoir pris congé de son oncle et de ses amis, il quitta Grenoble pour se rendre à Lyon. Instruits de son passage, les échevins s'empressèrent d'aller lui rendre visite, et les registres de la ville nous apprennent qu'ils n'oublièrent pas le « vin d'honneur, » que le consulat était alors dans l'usage d'offrir à tous les étrangers de distinction.

Le bon chevalier ne tarda pas à poursuivre sa route et à rejoindre l'armée que le roi envoyait en Navarre, pour reconquérir à son légitime souverain ce royaume que Ferdinand le catholique avait envahi, sous des prétextes aussi injustes que frivoles. Jean d'Albret, victime de sa fidélité à la France, s'était réfugé auprès de Louis XII, qui, distrait par les guerres d'Italie, n'avait encore pu songer à son rétablissement. Le prince détrôné, à la tête d'une division que commandaient La Palice et Bayart, pénétra, par le val de Roncal, jusque dans l'intérieur de la Navarre, pour seconder, disait-il, le soulèvement général de ses anciens sujets. Les Français eurent d'abord quelques succès et se rendirent maîtres de plusieurs places ; mais d'Albret s'était fait illusion sur les sentiments des Navarrois, et à peine fut-il rejoint par quelques seigneurs de la faction de Grammont. Tandis qu'il s'obstinait devant une petite ville, le duc d'Albe se jeta à marche forcée dans Pampelune et en expulsa tous ses partisans. Jean d'Albret persista à tenter le siége de sa capitale, et La Palice et Bayart, engagés dans une entreprise dont ils prévoyaient la mauvaise issue, n'en déployaient pas moins de zèle et de courage.

A quatre lieues de Pampelune se trouvait un château important par sa situation, et dont la prise était indispensable aux assiégeants. Il n'était pas défendu par une garnison bien formidable, mais les Espagnols réunissaient dans son voisinage des troupes nombreuses, sous la conduite du duc de Najare. Le roi de Navarre et le seigneur de La Palice prièrent Bayart de se charger de cette expédition, et il accepta en homme qui ne comptait jamais fatigues ni dangers. Avec sa compagnie, celle du capitaine Germain de Bonneval, huit cents lansquenets et quelques centaines d'aventuriers, il se rendit le jour même devant le château. Ayant examiné les lieux il fit sur-le-champ mettre en batterie quatre grosses pièces de canon, et commença à battre vivement la muraille. Les assiégés, qui étaient environ cent hommes munis d'arquebuses à croc et de fauconneaux, ripostèrent vigoureusement, mais leurs efforts n'empêchèrent point qu'en moins d'une heure la brèche ne se trouvât praticable. La position élevée du château le rendait encore de difficile accès ; mais, en semblable occasion, il ne fallait pas y regarder de si près. Bayart fit sonner l'assaut, et donna ordre aux lansquenets de marcher. Pas un ne bougea. Ils lui firent réponse par leur trucheman que, suivant les articles de leur capitulation, ils devaient toucher double paie toutes les fois qu'ils prenaient une place d'assaut, et qu'ils ne marcheraient pas auparavant. Le bon chevalier n'entendait rien à leurs prétentions ; toutefois, comme les moments étaient précieux, il leur répondit de marcher toujours, et que s'ils prenaient la place, ils auraient ce qu'ils demandaient. C'était apparemment des promesses sonnantes qu'il leur fallait, et au diable si un seul lansquenet remua ! Les aventuriers français se précipitèrent gaillardement à la brèche, mais ils furent vigoureusement repoussés jusqu'à trois fois par les assiégés, qui n'étaient pas gens à reculer.

Le bon chevalier, reconnaissant qu'il lui serait impossible de les forcer avec si peu de monde, fit sonner la retraite. Il recommença à battre la place, dans l'intention apparente d'agrandir la brèche, mais en effet pour exécuter une idée qui lui était venue. Il appela un de ses hommes d'armes nommé Petit-Jehan de La Vergne, dont il avait éprouvé la bravoure et l'intelligence, et lui dit : « La Vergne, vous voyez là-bas cette grosse tour qui forme l'encoignure du château ; pendant que je vais recommencer l'assaut, vous prendrez deux ou trois échelles avec quarante ou cinquante de vos camarades, et irez essayer de l'escalader. Sur ma vie, vous n'y devez trouver personne, et si vous n'entrez tout à votre aise dans la place, onc n'ayez confiance en moi. »

Il n'avait pas besoin de lui en dire davantage. Pendant que Bayart faisait redonner un assaut plus vif encore que le premier, et que tous les Espagnols combattaient sur la brèche, La Vergne, sans être aperçu, exécuta à merveille ses ordres. Tout-à-coup les assiégés entendirent crier derrière eux : France ! France ! Navarre ! Navarre ! et furent à l'instant chargés par quarante ou cinquante Français. Ils essayèrent une inutile résistance et, cernés de toute part, ils furent massacrés jusqu'au dernier. Bayart laissa dans la place quelques aventuriers sous les ordres d'un gentilhomme du roi de Navarre et se mit en devoir de ramener ses gens au camp. Comme il se disposait à partir, deux capitaines des lansquenets s'approchèrent, et lui firent demander par leur trucheman la double paie qu'il leur avait promise si la ville était prise. Courroucé de leur insolence, le bon chevalier répondit à l'interprète : « Dites à vos coquins de lansquenets que je leur ferai plutôt bailler à chacun un licou pour les pendre. Les lâches qu'ils sont n'ont jamais voulu monter à l'assaut, et ils demandent double paie ! J'en instruirai monseigneur de La Palice et monseigneur de Suffolk, leur capitaine général, mais ce sera pour les faire casser, ils ne valent pas les goujats de l'armée. » Le trucheman leur traduisit fidèlement cette réponse, et tous les lansquenets se mirent à jurer et à murmurer en agitant leurs piques d'un air menaçant. Bayart fit sonner à l'étendard, rassembla ses gendarmes et les aventuriers, bien décidé, si les Allemands venaient à bouger, à les tailler en pièces. Il partit au petit pas, et les lansquenets, doux comme moutons, suivirent, comme si de rien n'était, le reste de la troupe jusqu'au camp devant Pampelune. Bayart fut accueilli à son retour par le roi de Navarre, La Palice et le duc de Suffolk, qui le félicitèrent à l'envi sur son heureuse expédition. De son côté, il leur raconta la méthode des lansquenets pour avoir double paie, dont ils ne purent se lasser de rire.

Le lendemain l'artillerie commença à battre les murailles de Pampelune, et ne tarda pas à ouvrir une brèche suffisante pour donner l'assaut. Mais les Espagnols soutinrent deux attaques consécutives avec tant de valeur et de succès, que les Français furent repoussés après avoir perdu beaucoup de monde. Le roi de Navarre se disposait à tenter un troisième assaut, lorsque le duc de Najare parut sur les hauteurs avec des troupes considérables. La disette la plus affreuse régnait dans le camp français; il n'y avait plus d'espoir d'emporter Pampelune en vue de l'armée espagnole, et il fallut songer à la retraite. Le défaut de vivres la rendit extrêmement pénible; plusieurs soldats moururent de faim, et à peine si les autres, sans chaussure et presque sans vêtement, purent se traîner à travers les montagnes escarpées et déjà couvertes de neige. Louis de Beaumont, chef de la faction navarroise opposée à Jean d'Albret, et le capitaine espagnol Villalba, harcelaient en outre les Français dans leur marche, et leur faisaient essuyer à chaque défilé de sanglantes escarmouches.

Un soir que le duc de Suffolk rentra fort tard au camp, harassé d'une journée entière passée les armes à la main, il alla trouver le bon chevalier, avec lequel il avait lié la plus intime amitié, et lui dit : « Capitaine Bayart, mon ami, je meurs de faim; donnez-moi aujourd'hui à souper, je vous en prie, car mes gens m'ont répondu qu'il n'y avait pas un morceau de pain chez moi. — Volontiers, Monseigneur, lui répondit le bon chevalier avec la plus comique assurance; et je vous promets que vous serez bien traité; qu'on appelle mon maître d'hôtel. Milieu, lui dit-il, allez faire hâter le souper, et que nous soyons servis comme dans Paris; » et Suffolk de rire à gorge déployée, car depuis deux jours à peine pouvait-on se procurer quelques mauvais pains de millet.

Bayart se couvrit de gloire dans cette retraite, il soutenait les attaques réitérées des ennemis, pressait la marche des siens, ralliait les traîneurs, et ne se retirait jamais que le dernier. Toute sa vie, son poste fut, dans les retraites, à la queue de l'armée, et dans les attaques, à l'avant-garde. Le bon chevalier avait coutume de dire et prouvait qu'il est trois choses opportunes en guerre : « assaut de lévrier, défense de sanglier, et fuite de loup. »

Ce ne fut pas sans une vive satisfaction que les Français rentrèrent dans Bayonne, où ils trouvèrent de quoi se refaire des fatigues et des privations qu'ils venaient de supporter. Mais un grand nombre de gens de pied qu'avait à peine épargnés la famine, moururent de l'excès contraire. Telle fut l'issue de l'expédition de Navarre, commencée sous les auspices les plus favorables, mais que l'incapacité de Jean d'Albret termina d'une manière si désastreuse pour les Français et pour lui, qui perdit à jamais la portion de son héritage conquise par Ferdinand.

CHAPITRE XVII.

Présence d'esprit de Bayart à la journée des Eperons. — Jugement rendu par l'empereur Maximilien. — Mort de Louis XII.

1513. — 1515.

La mort du pape Jules vint donner à Louis XII quelque espoir de recouvrer son duché de Milan. Ce pontife eut pour successeur le cardinal Jean de Médicis sous le nom de Léon X. Ce nouveau pape annonça les intentions les plus conciliantes ; mais en remettant au 12 avril son entrée solennelle dans l'église de saint Jean de Latran, il avertit Louis XII qu'il n'avait point oublié la journée de Ravenne.

Cependant le provéditeur André Gritti, mettant sa captivité à profit, venait de signer à Blois un traité aussi favorable à la France qu'à la république. Le roi assuré de la coopération des Vénitiens, fit passer les Alpes à une puissante armée, sous les ordres du célèbre Louis de la Trémouille. Soumettant toute la Lombardie au seul bruit de sa marche, ce général renferma Maximilien Sforza dans Novarre, et tout semblait annoncer que le fils éprouverait le même sort que le père. Mais douze mille Suisses, « ayant bu chacun un coup, » sortent après minuit de la ville, et avant que La Trémouille eût pu ranger sa gendarmerie en bataille, ils s'emparent de son artillerie, massacrent ses gens de pied, et jettent ses troupes en déroute. Les débris de l'armée française repassèrent les Alpes de nouveau, et le duché de Milan demeura à Maximilien Sforza, ou plutôt aux Suisses, ses braves, mais incommodes alliés.

Tandis que Louis XII perdait l'espoir de recouvrer ses conquêtes, il se formait à Malines, sous les auspices du pape, une ligue qui menaçait ses propres États d'un envahissement prochain. Léon X avait trouvé dans Henri VIII un allié tel qu'il lui en fallait pour donner de l'occupation au roi de France et l'empêcher de reporter ses armes en Italie. Le 17 juin 1513, le monarque anglais débarqua à Calais, précédé du comte de Shrewsbury, qui, sur-le-champ, investit Térouane, à la tête d'un corps de troupes formidables. Cette place bonne et bien fortifiée était défendue par deux braves capitaines, les seigneurs de Téligny et de Pontdormy. Outre leurs compagnies, ils avaient quelques aventuriers français et une bande de lansquenets, sous la charge du capitaine Brand. Une semblable garnison était en état de soutenir un long siége, si elle eût eu des vivres et des munitions. « Mais ordinairement en France on ne fait volontiers provision de saison ni de raison. » Quelques jours après, Maximilien rejoignit Henri VIII devant Térouane, et donna l'étrange spectacle d'un empereur d'Allemagne à la solde d'un roi d'Angleterre. Leurs troupes réunies s'élevaient à cinquante-cinq mille hommes ; celles du roi de France ne dépassaient pas trente mille, et il n'était pas possible d'en augmenter le nombre sans dégarnir la Bourgogne, menacée par les Suisses. Louis, quoique vivement tourmenté par la goutte, prit le parti de se faire transporter à Amiens, pour être plus à portée de diriger ses troupes.

Cependant la garnison de Térouane opposait la plus courageuse résistance, et le siége durait depuis un mois, lorsque Pondormy envoya avertir le roi que, s'il ne recevait des provisions, il serait réduit à mourir de faim ou à capituler avant trois jours. De Piennes, gouverneur de la province, reçut ordre de faire entrer des vivres dans Térouane, à quelque prix que ce fût. Il réunit un conseil de guerre au camp de Blangy, et il fut décidé que le capitaine de Fontrailles avec ses Albanais portant chacun sur le cou de son cheval un quartier de lard et un sac de poudre, s'avanceraient jusque sous les murailles de Térouane, et jetteraient lard et poudre dans les fossés de la ville. Ils seraient suivis jusque sur les hauteurs de Guinegâte par quatorze cents hommes qui, tout en évitant un engagement, protégeraient leur marche et leur retour.

Cette résolution n'était pas de nature à satisfaire la vieille expérience du bon chevalier. Il dit qu'à son avis il n'y avait que deux choses à faire, ou marcher avec toutes les troupes aux ennemis et leur livrer bataille, ou mander à la garnison de Térouane de faire honnête composition avec le roi d'Angleterre. « N'espérez pas, ajouta-t-il, tromper la vigilance des hommes d'armes bourguignons qui sont au camp avec l'empereur, ils savent à l'heure même ce que vous venez de décider, et vous ne sauriez rien faire qu'ils n'en soient avertis. Tout parti moyen me semble dangereux, mais n'en suis pas moins prêt à exécuter tout ce qu'il a plu au conseil d'ordonner, et je vous jure que je serai bien pressé si je recule. Sur ce je prie Dieu que notre entreprise soit heureuse. »

Le début réussit à merveille, et les provisions furent recueillies par les assiégés ; mais le roi d'Angleterre, averti par ses espions, attendait les Français au retour. Il posta derrière une colline qu'ils étaient forcés de repasser, dix mille archers anglais, cinq à six mille lansquenets et dix pièces d'artillerie ; puis il envoya ses hommes d'armes les attaquer de front. De Piennes s'efforçait de presser la retraite, mais les jeunes seigneurs ne daignaient pas l'écouter ; la plupart ôtèrent leurs casques à cause de la chaleur, montèrent sur leurs chevaux de main, riant, buvant à la bouteille, sans songer à l'ennemi.

La cavalerie anglaise et bourguignonne atteignit bientôt les Albanais, qui, ayant reçu l'ordre précis de ne point combattre, se retirèrent à toute bride auprès de la gendarmerie. Les hommes d'armes se mirent en bataille aussi bien qu'il leur fut possible dans le désordre qui régnait parmi eux et soutinrent quelque temps le choc des ennemis. Mais tout-à coup ils aperçurent l'infanterie anglaise qui s'avançait pour leur couper chemin, et, croyant avoir affaire à l'armée entière, ils se débandèrent soudain et s'enfuirent au grand galop. Le duc de Longueville essaya vainement de les rallier. La Palice avait beau leur crier de toutes ses forces : « Tourne, hommes d'armes ! tourne ! ce n'est rien ! » ils n'en fuyaient que plus fort Bientôt ces deux seigneurs furent entourés par les ennemis ; le duc de Longueville demeura prisonnier. Pour La Palice, il se dégagea des mains de ceux qui l'avaient saisi, et courut à Blangy.

Bayart, contraint, et à son grand regret, de tourner le dos comme les autres, faisait volte-face à chaque pas avec son compatriote François de Sassenage et une quinzaine d'hommes d'armes restés autour de lui. Il rencontra sur son chemin un large fossé qui menait l'eau à un moulin du voisinage, et sur lequel se trouvait un petit pont fort étroit, où deux hommes pouvaient à peine passer de front. « Messeigneurs, dit-il à ses compagnons, arrêtons-nous ici, car nos ennemis ne sauraient d'une heure gagner ce poste sur nous. Vous, courez au camp, dit-il à un de ses archers, et avertissez monseigneur de La Palice que je tiendrai bien ici les ennemis en échec au moins une demi-heure, et qu'il fasse pendant ce temps remettre nos gens en ordre ; car, s'il prenait envie aux Bourguignons de pousser jusqu'au camp, ils auraient bon marché d'une troupe en pareil désarroi. » L'archer courut à Blangy, laissant le bon chevalier prouver, à la garde de ce pont, qu'il n'était donné qu'à lui d'égaler ses propres exploits.

Les Bourguignons et les Hennuyers, surpris de se voir arrêtés en si beau chemin par une poignée de gens, redoublèrent d'efforts pour leur passer sur le ventre ; mais le bon chevalier profita si courageusement de la bonté de sa position, que les Français eurent tout le temps de se rallier à Blangy. Les ennemis, ennuyés à la fin de se voir ainsi faire la barbe, commencèrent à crier qu'on leur amenât quelques arquebusiers ; mais au même moment une grosse troupe des leurs venait de découvrir un peu plus bas le moulin, où ils passèrent à leur aise. Le bon chevalier, se trouvant donc cerné de tous côtés, dit à ses gens : « Messeigneurs, rendons-nous à ces gentilshommes ; ils sont dix contre un ; nos gens sont à trois lieues d'ici ; nos chevaux recrus, et toute notre prouesse ne nous servirait de rien. Si nous attendons plus longtemps, les archers anglais arriveront et nous mettront tous en pièces, selon leur coutume. » Comme il achevait ces mots, les ennemis fondirent sur eux en criant : Bourgogne ! Bourgogne ! et les Français, suivant l'avis de leur chef, se rendirent chacun aux plus apparents de la troupe.

Pendant que les Bourguignons étaient occupés à recevoir leurs prisonniers, Bayart aperçut un gentilhomme de bonne mine, qui, accablé de fatigue et de chaleur, avait quitté ses armes, s'était assis à l'ombre d'un arbre, et prenait le frais, sans daigner s'amuser aux prisonniers. Il piqua son cheval droit à lui, et lui vint mettre l'épée sur la gorge : « Rends-toi, homme d'armes, ou tu es mort ! » lui cria t-il. Le Bourguignon fut bien ébahi, car il croyait l'affaire terminée depuis longtemps. Toutefois, il eut peur de mourir, et se hâta de répondre : « Je me rends donc, puisque je suis pris de cette sorte. Qui êtes-vous ? — Je suis, répliqua-t-il, le capitaine Bayart, qui me rends moi-même à vous ; voici mon épée, et veuillez m'emmener avec vous ; mais vous me feriez la grâce de me la rendre si nous trouvions en chemin des Anglais qui voulussent me tuer. » Le gentilhomme lui en donna sa parole, et la précaution ne fut pas inutile, car, en se rendant au camp, il leur fallut à tous deux jouer des couteaux contre des archers anglais qui pensaient tuer le bon chevalier, mais qui n'y gagnèrent rien. Bayart fut conduit par le Bourguignon dans sa tente, et en fut on ne peut mieux traité. « Mon gentilhomme, lui dit-il deux ou trois jours après, quelque bonne chère que vous me fassiez, rien de tel, comme l'on dit, que la maison. Je voudrais bien que vous me fissiez reconduire sûrement au camp du roi, mon maître, car je m'ennuie ici. — Comment ? dit l'autre, nous ne sommes point encore convenus de votre rançon ! — Ni de la vôtre non plus, ajouta Bayart ; car vous étiez déjà mon prisonnier lorsque je me suis rendu à vous pour sauver ma vie, non autrement. » Celui-ci, bien étonné, ne savait trop que répondre, et Bayart ajouta : « Mon gentilhomme, vous tiendrez votre parole, ou tôt ou tard je trouverai le moyen de m'échapper, et de vous en demander raison les armes en main. » Le Bourguignon n'en fut que plus embarrassé, car il avait assez ouï parler du capitaine Bayart pour ne pas se soucier d'avoir affaire à lui. C'était du reste un assez courtois chevalier, et il lui répondit : « Monseigneur Bayart, je ne veux que mon droit, et je m'en rapporterai à la décision des capitaines. »

Quelque précaution qu'eût prise Bayart pour n'être pas connu, le bruit se répandit bientôt qu'il était prisonnier dans le camp, et il semblait, à entendre les ennemis, que sa capture fût le gain d'une bataille. L'empereur l'envoya chercher, et quoiqu'il ne l'eût pas vu depuis longtemps, il le reconnut aussitôt. Maximilien avait pris Bayart en grande amitié au siége de Padoue, et lui en avait donné plusieurs témoignages. « Eh ! capitaine Bayart, lui dit-il d'un ton affable en l'apercevant, quel vent vous amène ici ? — Sire, le vent impérial de votre pays de Germanie, et il m'a mieux dirigé que je ne pensais, en me conduisant devant un prince dont j'ai déjà éprouvé les bontés. — Certes, capitaine, ce serait meilleur à dire, si vous fussiez venu de votre plein gré, et exprès pour nous rendre visite. Nous avons fait autrefois la guerre ensemble, et je crois me rappeler qu'on disait en ce temps-là que Bayart ne fuyait jamais. — Sire, si j'eusse fui, je ne serais pas ici. — Capitaine Bayart, mon ami, je n'en ai pas moins de joie à vous voir, et plût à Dieu que j'eusse beaucoup d'hommes tels que vous ! avant peu je me saurais bien venger des bons tours que le roi votre maître m'a faits par le passé. » Le bon chevalier n'était pas homme à laisser rabaisser en sa présence l'honneur du roi de France. « Sire, lui répliqua-t-il, il vous a été si fidèle allié que de se mettre en détresse pour vous ; et, entre autres, il n'a pas tenu à lui, si je m'en souviens, que vous ne vous rendissiez maître de Padoue. — C'est bien à vous de défendre le roi votre prince ; mais, capitaine, vous savez bien vous-même qu'en penser, et délaissons des sujets aussi fâcheux.

Sur ces entrefaites, arriva le roi d'Angleterre. « Mon frère, lui dit Maximilien, connaissez-vous ce gentilhomme français ? — Nenni, dit Henri VIII, sur ma foi. — Certes, vous en avez pourtant assez ouï parler ; c'est le Français le p'us renommé qui fut onc, la terreur des Italiens et des Espagnols. — Sire, répondit-il, alors ce ne peut être que Bayart de France. — Vraiment, mon frère, vous êtes bon devin pour cette fois-ci. » Le roi d'Angleterre prit Bayart par la main ; le bon chevalier voulait mettre un genou en terre, mais Henri ne le voulut souffrir, et l'embrassa comme s'il eut été un prince.

La conversation tomba naturellement sur l'affaire de Guinegâte. Henri VIII disait qu'il n'avait jamais vu si bien jouer des éperons, et l'empereur et lui parlaient en termes assez dédaigneux des hommes d'armes de France. « Sur mon âme, dit le bon chevalier, la gendarmerie française ne doit en être aucunement blâmée, car elle avait reçu commandement exprès de ses capitaines de ne point combattre. — Jamais ordre ne fut mieux suivi, dit l'empereur. — Fuir ainsi devant cinq cents hommes d'armes au plus, sans rendre le moindre combat, n'est pas digne de l'intrépidité dont on fait parade chez vous, ajouta le roi d'Angleterre. — Sire, répliqua Bayart, ces cinq cents hommes d'armes étaient soutenus par dix-huit mille hommes de pied et de l'artillerie, et nous n'avions rien de tout cela. Si c'était coutume à nos hommes d'armes de fuir, vous n'en tireriez point tant de gloire aujourd'hui. Vous n'ignorez pas, hauts et puissants seigneurs, que la noblesse de France est renommée par tout le monde, sans que je veuille me mettre du nombre. — Vous, monseigneur de Bayart, dit le roi d'Angleterre, si tous les gentilshommes de France étaient vos semblables, je crois que le siége que j'ai mis devant cette ville serait bientôt levé. Mais, par bonheur, vous êtes notre prisonnier. — Sire, reprit Bayart, permettez-moi de ne pas en convenir. » Maxi-

milien ne put s'empêcher de rire à ces paroles, en lui disant : « Certes, capitaine, il parait que vous aimez toujours à gaudir, sans épargner ni roi ni empereur.
— A Dieu ne plaise que d'aussi grands et nobles princes je me voulusse gaudir ! mais c'est la vérité, et je vous en fais juges. »

On fit appeler le gentilhomme dont il était à la fois le vainqueur et le prisonnier. Bayart raconta en sa présence la manière dont l'affaire s'était passée, et le Bourguignon n'eut autre chose à répondre sinon : « Le seigneur de Bayart a dit la vérité. » Le roi d'Angleterre et l'empereur se regardèrent comme pour se consulter, puis Maximilien prononça « qu'à son avis le capitaine Bayart n'était point prisonnier, et que le gentilhomme serait plutôt le sien ; toutefois, qu'en considération de la courtoisie qu'il lui avait faite, ils demeureraient quittes l'un envers l'autre, et que le capitaine pourrait s'en aller quand bon semblerait au roi d'Angleterre. Henri VIII se rendit à ce jugement, mais il exigea que Bayart demeurât six semaines, sur sa parole, sans porter les armes, en lui laissant la liberté d'employer ce temps à visiter les villes de Flandre. Le bon chevalier remercia les deux princes de l'équité de leur décision, mais ce fut avec peine qu'il se résigna à rester encore six semaines loin de ses compagnons d'armes. Lorsqu'elles furent écoulées il se hâta de retourner au camp français. La ville de Térouane, n'ayant pu, faute de vivres, tenir davantage, venait de se rendre aux ennemis. L'empereur et le roi d'Angleterre, ne pouvant s'accorder à qui des deux demeurerait cette conquête, s'accordèrent pour la piller et pour la détruire.

L'année 1513 s'écoula dans une continuité de disgrâces : les Anglais s'emparèrent encore de Tournai, antique berceau de la monarchie française; Jacques IV roi d'Ecosse, périt à la bataille de Flodden-Field, en essayant une diversion favorable à Louis XII, son allié; et La Trémouille ne put sauver la Bourgogne envahie par les Suisses, qu'en sacrifiant son honneur à l'amour de la patrie. L'hiver donna quelques instants de répit au bon roi Louis XII, qui, après avoir distribué ses troupes dans les villes de la Picardie, reprit le chemin de Blois, son séjour favori. Mais l'année 1514 ne s'ouvrit pas sous de meilleures auspices que celle qui l'avait précédée : Anne de Bretagne fut saisie d'une maladie qui, en peu de jours, la conduisit au tombeau, à peine âgée de trente-huit ans. Le roi, profondément navré de la perte d'une épouse chérie, resta plusieurs semaines sans vouloir écouter aucune consolation. Les obsèques de cette princesse furent célébrées au château de Blois avec une pompe extraordinaire, et Bayart y assista placé au rang le plus honorable, entre les Montmorency, les d'Aumont et les Gamaches.

Maximilien s'efforçait d'attacher par de nouveaux liens le roi d'Angleterre à sa fortune et à son inimitié contre la France, lorsqu'un événement imprévu vint déjouer toutes ses combinaisons, ou plutôt celles de sa fille, la prudente Marguerite. Durant sa captivité le duc de Longueville, tout en jouant à la paume avec Henri VIII, avait su ménager un heureux rapprochement entre ce prince et Louis XII. Le roi d'Angleterre ne put résister à l'offre séduisante de placer sa sœur sur le trône de France ; le jeune archiduc fut éconduit, et la princesse Marie accordée à un prince déjà vieux, auquel la raison d'Etat commandait ce second mariage.

Des cérémonies pompeuses précédèrent le couronnement de la jeune reine, qui fut suivi d'un des plus magnifiques tournois que l'on eût encore vus dans Paris. La lice, entourée d'échafauds et d'amphithéâtres garnis de tapisseries et de guirlandes de fleurs, s'étendaient du château des Tournelles à la rue St Antoine.

Pendant trois jours consécutifs, les seigneurs des deux nations se livrèrent, sous les yeux du roi et de la reine, à tous ces jeux, où la noblesse avait trouvé moyen de se créer des périls jusqu'au sein de la paix. Bayart déploya dans ces joûtes sa force et son adresse accoutumées, et obtint l'avantage dans toutes les lances qu'il courut, contre les seigneurs de la suite de Marie.

Un triste événement ne tarda pas à troubler toutes ces joies. Le 1er janvier 1515, on entendit dans Paris les crieurs publics répétant tristement avec leurs clochettes : « Le bon roi Louis XII, père du peuple, est mort. » Ce surnom, le plus glorieux que puisse mériter un souverain, suffit à son éloge.

CHAPITRE XVIII.

Avènement de François Ier. — Bayart est nommé lieutenant-général au gouvernement du Dauphiné. — Il franchit les Alpes. — Bataille de Marignan. — François est armé chevalier de la main de Bayart.

1515.

François, duc de Valois, plus proche parent mâle et gendre de Louis XII, lui succéda, et fut sacré à Reims, le 25 janvier, roi de France et duc de Milan. A peine âgé de vingt-un ans, d'une taille et d'une figure majestueuses, il réunissait les qualités et jusqu'aux défauts mêmes que les Français aimaient dans leurs maîtres. Un prince de cet âge et de ce caractère ne paraissait point d'humeur à porter longtemps comme un vain titre celui de duc de Milan. Au milieu des fêtes mêmes de son avènement, il disposait tout pour entrer au printemps, en Italie, à la tête d'une armée formidable. Tandis qu'il renouvelait avec l'Angleterre et les Vénitiens les alliances conclues par son prédécesseur, il levait des troupes de tous côtés, et les faisait défiler secrètement dans le Lyonnais et le Dauphiné.

Un des premiers actes de la souveraineté de François Ier avait été de récompenser les services de Bayart, qu'il honorait d'une estime affectueuse. Il le nomma, le 20 janvier 1515, son lieutenant général au gouvernement du Dauphiné, sous le duc de Longueville. Jamais lettres patentes ne furent enregistrées avec autant d'enthousiasme au parlement de Grenoble, que celles qui appelaient le bon chevalier à succéder en cette qualité au brave seigneur de Molart, son parent.

Bayart reçut ordre au mois de juillet de s'avancer avec sa compagnie et trois mille hommes de pied, sur les confins du marquisat de Saluces, pour préparer les voies à l'armée. François Ier ne tarda pas à quitter Lyon, suivi de l'élite de la noblesse française, qui se pressait autour d'un prince qui aimait le courage et savait le récompenser. L'avant-garde, sous les ordres de Charles de Bourbon, récemment promu à la charge de connétable, s'avança jusqu'à Briançon ; tandis que le roi attendait à Grenoble qu'il se fût ouvert une route à travers les Alpes. Les Suisses à l'instigation de Mathias Schiener, cardinal de Sion, s'étaient emparés du pas de Suze, seul débouché des deux routes ordinaires du mont Cenis et du mont Genève. L'embarras fut extrême, et le malheur de n'avoir pu prévenir les Suisses paraissait irréparable. Pietro de Navarro, voulant signaler son entrée au service du roi de France par quelque entreprise digne de sa réputation, traverse la Durance, s'engage, à la tête de trois mille pionniers, dans les montagnes du côté de Guillestre, et entreprend de frayer passage à l'armée au travers de rochers et de précipices encore vierges du pas de l'homme.

Tandis qu'il renouvelle les miracles d'Annibal, un chasseur piémontais, qui passait sa vie à poursuivre les chamois dans les détours des Alpes, vint proposer au bon chevalier de le faire descendre dans le marquisat de Saluces par un sentier connu de lui seul. Il l'instruisit que Prospero Colonna, lieutenant-général des troupes du pape, parcourait et pillait la contrée, comme si les Français eussent été à cent lieues. Bayart résolut de tenter l'aventure, et de surprendre le capitaine italien et ses trois cents gens d'armes; mais il n'avait pas assez de cavalerie pour exécuter ce projet à lui seul, et il en fit demander au duc de Bourbon. Le connétable en avertit le roi, et trois illustres capitaines, les maréchaux de La Palice, d'Aubigny et le seigneur d'Humbercourt, s'offrirent à partager l'exécution d'une entreprise dont l'habileté de Bayart garantissait le succès.

En effet, un jour que Colonna dînait tranquillement à Villa Franca sans songer le moins du monde aux Français, ses serviteurs entrèrent en criant : « Levez-vous, seigneur Prospero, voici les Français en grande bande, et déjà ils sont aux portes de la maison. —

Enfants, leur répondit-il en homme de cœur, gardez un instant cette porte, jusqu'à ce que nous soyons un peu accoutrés pour nous défendre. » Mais tandis que ses gens assaillaient l'entrée, Bayart faisait dresser des échelles contre les murs, et voilà qu'il saute le premier dans la cour en criant : « Seigneur Prospero, où êtes-vous ? Rendez-vous, autrement vous êtes mort ! » Au même instant la cour se remplit d'hommes et de chevaux. Colonna reconnut bientôt que toute résistance serait inutile, et se décida à se rendre avant de tomber entre les mains de quelque soldat. Il mit la tête à la croisée de la salle, et demanda : « Qui êtes-vous, et quel est votre capitaine ? — Bayart, et voici les seigneurs de La Palice, d'Aubigny et d'Humbercourt, la fleur des capitaines de France. » Colonna se rendit au seigneur d'Aubigny, qu'il connaissait d'autrefois. Avec lui furent pris le comte Policastro, Pietro Morgante, Carlo Cadamosto et autres capitaines renommés en Italie. Ensuite les Français se mirent au pillage qui surpassa leur attente, car il s'éleva à plus de cent cinquante mille ducats; il y avait, en outre, six à sept cents chevaux, dont quatre cents fins coursiers d'Espagne, qui furent d'excellente remonte pour les gens d'armes de La Palice et de Bayart.

Les Français n'eurent pas le loisir de tout emporter ; car ils furent avertis que les Suisses arrivaient en toute hâte de Coni, où deux Albanais échappés de

Villa-Franca, les étaient allés chercher. La trompette sonna la retraite, et ils partirent chargés de tout ce qu'ils purent choisir de meilleur, et faisant marcher leurs prisonniers devant eux. Comme ils sortaient par une porte, les Suisses entraient par l'autre ; mais ils étaient à pied, et les Français à cheval. Ceux-ci se retirèrent au petit pas à Fossano, où ils attendirent le reste de l'armée.

A la nouvelle de la défaite de leur cavalerie et de l'arrivée du roi dans le Piémont, le cardinal de Sion et le capitaine Albert de la Pierre, principal chef des Suisses, s'entr'accusèrent de négligence et de trahison. Le capitaine bernois n'était pas homme à supporter les reproches du légat; il lui répondit brutalement, et, ne voulant plus servir sous ses ordres, il ramena dans son canton vingt-cinq enseignes de ses compatriotes.

Bayart, toujours aux champs, fut informé de ces divisions, et écrivit au roi pour lui demander la permission d'en profiter, en l'assurant que l'avant-garde suffirait pour défaire les Suisses dans ces moments de trouble. Le roi, encore à la descente des Alpes, et qui aurait été fâché que les ennemis fussent battus une seconde fois sans lui, répondit au bon chevalier qu'il fallait attendre la jonction de l'armée. A son grand regret, Bayart fut réduit à laisser les Suisses traverser en désordre les plaines du Piémont, où l'on perdait l'occasion avantageuse de les tailler en pièces.

François Ier hatait sa marche; il traversa rapidement le Piémont, où son oncle, le duc de Savoie, lui rendit les plus grands honneurs, reçut dans sa route les clefs de Novare, et alla camper à Marignan. Le bâtard de Savoie s'efforçait depuis quelques jours de ménager un accommodement entre le roi et les Suisses, et tout paraissait se disposer à la paix. Quelque onéreuses que fussent les conditions du traité, François voulut bien y souscrire, et répondit aux murmures de sa brave noblesse, que jamais un roi ne devait hasarder le sang de ses sujets lorsqu'il pouvait le racheter avec de l'argent. Enfin, on était convenu de tout, et la somme exigée était prête, grâce au dévouement des principaux capitaines, qui donnèrent jusqu'à leurs joyaux et leur vaisselle. Le maréchal de Lautrec et René, bâtard de Savoie, furent chargés de la porter à Buffalora, où les députés des Ligues devaient se trouver pour la recevoir. Mais les sacrifices que les Français avaient faits n'étaient pas suffisants pour lier une nation qui, depuis qu'elle les avait vaincus à Novare, ne les redoutait plus assez pour leur tenir parole. Mathias Schiener profita des dispositions des Suisses pour entraîner la rupture d'un traité dont il n'avait pu empêcher la conclusion. Connaissant l'esprit de ses compatriotes, il fit battre le grand tambourin et les fit rassembler sur la place de Milan. Il monta sur une chaise au milieu d'eux, et là, il prononça une harangue des plus fougueuses, dans laquelle il leur représenta le roi de France et ses capitaines comme de jeunes imprudents, plus propres à figurer dans les tournois et les carrousels que sur un champ de bataille. Il leur rappela Novare, et leur persuada de s'emparer de l'argent déposé à Buffalora, comme un faible à-compte des trésors qu'ils trouveraient dans le camp français. En achevant sa déclamation, il fit sonner les cornets d'Uri et d'Underwald, et les Suisses, enivrés par ces sons nationaux qui jadis avaient présidé à la défaite des Allemands et des Bourguignons, se précipitèrent comme des forcenés hors de Milan.

Ils marchèrent droit à Marignan par la route de Buffalora, mais ils en furent pour la honte de leur méchante action, sans en recueillir le profit : Lautrec instruit à temps de leur défection, s'était hâté de mettre l'argent en sûreté à Galera. Les Suisses poursuivirent leur route, et le seigneur de Fleuranges fut le premier qui les aperçut dans la plaine. Il jugea à leur contenance qu'ils n'arrivaient pas dans des dispositions amicales, courut avertir le connétable de Bourbon, et se rendit à la tente du roi. Il trouva ce prince causant avec Alviano, qui était venu de Lodi pour concerter quelques opérations avec lui. Fleuranges entrait tout armé et couvert de poussière. « Comment, lui dit François, vous êtes armé, et la paix est faite ! — Sire, répliqua-t-il, il vous faut armer comme moi, car vous avez bataille aujourd'hui. » Le roi hésitait à le croire, mais le jeune seigneur ordonna au trompette qui l'accompagnait de sonner l'alarme, et François, reconnaissant qu'il ne plaisantait pas, demanda ses armes. Il se hâta de monter à cheval, et courut à la défense de l'artillerie, où se portaient tous les efforts des Suisses.

Cependant le connétable de Bourbon avait promptement rangé en bataille les lansquenets, auxquels était confiée la défense de ce poste important. Mais les Suisses, qu'animait un sentiment de haine et de jalousie contre ces Allemands, qui les avaient remplacés au service de France, les poussèrent si vigoureusement qu'ils les firent reculer en désordre. Sans le connétable de Bourbon, les comtes de Guise, de Saint-Pol, et le bon chevalier, qui accoururent à leur secours, les Suisses arrivaient à l'artillerie. Mais à la tête des bandes noires et de la gendarmerie française, ils donnèrent si à propos dans leurs rangs, qu'ils les forcèrent à reculer à leur tour, pendant que les lansquenets reprenaient courage.

La mêlée devint générale ; là, les Français étaient vainqueurs ; ici, les Suisses ; et à peine pouvait-on distinguer à travers la fumée de la poudre et les tourbillons de poussière élevés par un violent orage, si l'on frappait un ami ou un ennemi. Déjà le vaillant seigneur d'Humbercourt avait péri ; Bourbon avait vu tomber à ses côtés le duc de Châtellrault, son frère ; les comtes de Sancerre, de Roye, ne guidaient plus leurs vaillants compagnons. Les Suisses étaient sur le point de se rendre maîtres de l'artillerie, lorsque François, en premier gentilhomme de son royaume, se mit à la tête de sa gendarmerie, passa sur le ventre à quatre mille Helvétiens, pénétra jusqu'aux batteries et les dégagea. Bayart, « la terreur des Suisses, » La Trémouille, le prince de Talmont, son fils, ne s'étaient jamais écartés de ce poste important, où tout le fort de la bataille se portait. Mais acharnés à leur manœuvre, les Suisses revenaient opiniâtrement à la charge, et chaque assaut était plus terrible que celui qui l'avait précédé.

Le soleil avait disparu depuis quatre heures, et l'on combattait toujours sans que la victoire se fût encore décidée. Enfin, la lune se cacha entièrement derrière les nuages, et les deux armées épuisées de fatigue suspendirent leurs coups ; chacun resta à la place qu'il occupait, et il s'établit sur le champ de bataille une espèce de suspension d'armes en attendant le retour de la lumière. Des bataillons entiers des deux nations étaient mêlés les uns aux autres, sans oser remuer, de peur de tomber dans un plus grand péril. Cependant au milieu du tumulte général, Christophe, trompette du roi, faisait entendre, par dessus tous les autres, des sons éclatants connus des oreilles de la brave noblesse, et chacun tirait de ce côté. Le seigneur de Vandenesse vint avertir François qu'il ne se trouvait qu'à cinquante pas d'un des plus gros bataillons suisses. La retraite était dangereuse; le grand-maître de Boissy écrasa sous ses pieds une torche qu'on avait allumée, et conseilla au roi de rester en place. Le prince mit pied à terre pour soulager son cheval criblé de blessures, et reposa tout armé sur l'affût d'un canon.

Dans la dernière charge sur les Suisses, il arriva au bon chevalier un accident qui faillit lui coûter la vie. Ayant eu déjà un cheval tué sous lui, il en avait monté un second, d'une vigueur extraordinaire, avec lequel il s'enfonça de nouveau dans les rangs ennemis; mais les rênes de son cheval furent brisées à coup de piques, et l'animal irrité, ne sentant plus son mors, emporta Bayart au travers des Suisses et outrepassa leurs épaisses phalanges. Il allait précipiter son cavalier dans une troupe d'ennemis, lorsque, par bonheur, il se trouva arrêté dans une vigne dont les ceps, selon l'usage d'Italie, s'étendaient d'arbre en arbre. » Le bon chevalier fut bien effrayé, et non sans cause, car c'était fait de lui s'il fût tombé entre les mains des Suisses. » Toutefois, avec son sang-froid ordinaire, il profita de l'obscurité pour se couler tout doucement à terre, puis il se débarrassa de son armet et de ses cuissards, et se traîna sur les pieds et les mains, pour n'être point aperçu, du côté où il entendait crier France !

Dieu lui fit la grâce de le faire arriver sain et sauf,

et mieux encore, puisque la première personne qu'il rencontra fut son capitaine, le duc de Lorraine. Le prince, bien ébahi de le voir arriver en équipage pareil, lui fit donner à l'instant un magnifique destrier dont Bayart lui-même autrefois lui avait fait présent. Il ne manquait plus qu'un casque au bon chevalier. Il ne savait trop comment se procurer cette armure indispensable en pareille occurrence, lorsqu'il aperçut un gentilhomme de ses amis qui faisait porter le sien par son page. « Mon compagnon, lui dit-il, prêtez-moi pour un instant cet armet que porte votre page ; je suis tout en nage d'avoir couru à pied, et en grand danger de gagner quelque mal. » Le gentilhomme n'y entendit point malice, et Bayart s'empara de l'armet, bien résolu à ne le rendre qu'après la bataille. Il se joignit au seigneur de Téligny, et tous deux regagnèrent en silence le côté où l'on disait qu'était le roi. Pendant toute la nuit, le connétable de Bourbon, Trivulce, Fleuranges, le bon chevalier et quelques autres des principaux capitaines parcoururent l'armée, reconnaissant leurs gens et reformant les bataillons. Fleuranges, qui parlait allemand, rallia mille lansquenets, et les vint placer entre le roi et les Suisses.

Les premiers rayons du jour trouvèrent le roi de France à cheval. Son armure était froissée de coups de pique, l'éclat de son casque avait disparu sous la fumée de la poudre ; mais la valeur et la confiance brillaient dans ses regards. Revoyant son prince qu'elle avait cru tué, l'armée entière poussa des cris de joie, présage de victoire.

Ce ne fut plus avec de l'intrépidité, mais avec de la rage, que les Suisses assaillirent l'artillerie et le corps de bataille où se tenait le roi. A peine firent-ils attention aux décharges meurtrières d'une batterie de canons que, par le conseil de Bayart, fit pointer sur eux le grand-maître de l'artillerie. Ils disputèrent pendant quatre heures la bataille, et, déjà vaincus, ils n'étaient point encore découragés. Forcés de reculer, ils se reformaient et revenaient à la charge avec un nouvel acharnement. Dans un de ces derniers chocs, Bussy d'Amboise resta mort sur la place, et Robert de la Marck, seigneur de Fleuranges, jeté à bas de son cheval, aurait éprouvé le même sort, sans Bayart, qui tint ferme et le seigneur de Saucy qui le tira de la mêlée. Enfin, les Suisses s'enfuirent du côté de Milan, et le roi ordonna de cesser de les poursuivre ; les gens d'armes étaient épuisés après trente heures consécutives de combat, sans boire ni manger, et François méprisait un carnage qui n'ajoute rien à la gloire du vainqueur.

Comme de part et d'autre on n'avait donné ni demandé quartier, le sang n'avait que trop coulé ; les Français perdirent en cette journée six mille de leurs plus braves guerriers et une foule de personnages de distinction ; mais le champ de bataille demeura jonché de quinze mille Suisses. Le maréchal de Trivulce, qui s'était trouvé à dix-sept batailles rangées, disait que celle de Marignan « était un combat de géans, et toutes les autres en comparaison des jeux d'enfants. » Le même soir, il ne fut question dans la tente du roi que de la bataille et de ceux qui s'y étaient le plus signalés. Tous les suffrages se réunirent sur Bayart : les capitaines convinrent unanimement qu'il avait surpassé les plus valeureux, et s'était surpassé lui-même dans cette journée. François Ier le savait, pour l'avoir rencontré tout le temps de l'action au plus fort de la mêlée, et il voulut lui donner un glorieux témoignage de sa satisfaction en recevant de lui l'accolade. « Il avait bien raison, car de meilleur ne l'eût su prendre. »

Le roi désirait faire cet honneur à ceux qui s'étaient distingués en cette bataille, de les armer chevaliers de sa main ; mais, d'après les antiques lois de la chevalerie, « au seul chevalier, il appartenait de faire et créer un autre chevalier. » Le jeune prince ne l'était point encore, ayant préféré d'attendre quelque occasion plus honorable de recevoir l'ordre de chevalerie, que celles qui s'étaient présentées durant la paix.

Nonobstant que les plus grands personnages de France et d'Italie fussent là présents, tels que le connétable de Bourbon, les ducs de Savoie, de Ferrare, de Lorraine, les maréchaux de La Trémouille, d'Aubigny, de La Palice, l'inclination et l'estime du roi lui firent honorer de cette préférence un simple capitaine. « Nul ne doit en porter envie au seigneur de Bayart, dit François I*er*, puisque nul n'a eu l'heur de se trouver en tant de batailles, assauts et rencontres à pied et à cheval, et de donner plus de preuves de sa vaillance, expérience et bonne conduite. Bayart, mon ami, je veux être aujourd'hui fait chevalier de votre main, parceque je ne connais personne qui plus dignement que vous ait porté les éperons dorés. — Sire, lui répondit-il, en s'excusant avec sa modestie ordinaire, celui qui est couronné, sacré et oint de l'huile sainte envoyée du ciel, et qui est roi d'un si noble royaume, est chevalier sur tous les autres chevaliers. — Si, Bayart, dépêchez-vous, il ne faut alléguer ici ni lois, *ni canons, soit d'acier, de cuivre ou de fer;* faites mon vouloir et commandement, si vous voulez être du nombre de mes bons serviteurs et sujets. — Sire, répliqua le bon chevalier, c'est à moi, indigne, d'obéir. » Alors tirant son épée, il en frappa trois coups sur l'épaule du roi agenouillé devant lui, en répétant la formule consacrée : « Sire, autant vaille que si c'était Roland ou Olivier, Godfroy ou Baudoin, son frère. Certes, vous êtes le premier prince que onques fist chevalier ; Dieu veuille qu'en guerre ne preniez la fuite ! » Et toujours en tenant de la main droite son épée, il l'apostropha en ces termes : « Tu es bien heureuse d'avoir aujourd'hui à un si beau et puissant roi donné l'ordre de chevalerie ; certes, ma bonne épée, vous serez moult bien comme relique gardée et honorée, et ne vous porterai jamais, si ce n'est contre Turcs, Sarrasins ou Maures. » Puis il fit deux sauts, et la remit dans le fourreau.

Quelques jours après, le roi entra dans Milan, et l'indolent Maximilien Sforza, qui n'avait hérité que du nom de son père, rendit bientôt la citadelle au prix d'une pension qui lui fut assignée en France. Maître de tout le Milanais, François s'avança jusqu'à Bologne, où le pape Léon X lui avait demandé une entrevue.

Après avoir conclu la paix avec une partie des cantons suisses, et confié le gouvernement du duché de Milan au connétable de Bourbon, qui avait eu tant de part à cette conquête, le roi revint en France recueillir les applaudissements de ses peuples.

CHAPITRE XIX.

Visite du bon chevalier au duc de Bourbon. — Il défend la ville de Mézières. — Stratagème de Bayart. — Levée du siége. — François Ier donne au bon chevalier le collier de l'ordre de St Michel et une compagnie de cent hommes d'armes.

1516 — 1521.

Une intrigue de Cour fit rappeler le connétable de Bourbon en France et mettre en sa place Odet de Foix. Le Milanais était tranquille, Bayart alla passer quelque temps dans son gouvernement du Dauphiné; mais il n'y fit pas un long séjour sans recevoir des lettres du roi qui le mandait à Paris. Il s'empressa de se rendre aux instances de François Ier, et, chemin faisant s'arrêta à Moulins, où le fier Bourbon dévorait son chagrin en silence. Le connétable accueillit le bon chevalier avec les plus grands témoignages d'estime et d'affection, et le pria de faire chevalier son fils aîné, encore au berceau, « estimant, disait-il, cet honneur le plus insigne que son fils pût recevoir, et du plus haut présage pour le cours de sa vie. » Bayart se prêta avec complaisance au désir du prince, et ne tarda pas à continuer sa route.

Le bon chevalier ne séjourna pas longtemps à

Paris dont l'air ne lui convenait point. Les traditions de la Cour de Louis XII allaient se perdant, et le règne de François Ier commençait à devenir celui des favoris. Servir les rois et les savoir flatter, ce sont deux talents dont l'un ne comporte pas l'autre, et Bayart fut toute sa vie un mauvais courtisan.

Les années qui suivirent, virent naître ces fameuses querelles de François Ier et de Charles-Quint, qui devaient ensanglanter l'Europe pendant près d'un demi siècle. La ville de Mouzon investie par le comte de Nassau et défendue par le baron de Montmoreau, brave gentilhomme d'Angoumois s'était vue forcée à capituler. Cette importante et soudaine conquête avait ouvert la Champagne aux Impériaux et répandu la terreur en France. Mézières était la seule barrière qui s'opposât encore aux Allemands ; mais les fortifications de cette place tombaient en ruine : armes, vivres, soldats, tout y manquait. A la première nouvelle de la capitulation de Mouzon, le roi avait assemblé un conseil de guerre auquel assista Bayart. Les plus expérimentés capitaines furent d'avis de ruiner Mézières, dans l'impossibilité de la défendre, et d'incendier et de ravager au loin tout le pays pour affamer l'armée ennemie. Le bon chevalier eut horreur de ces dévastations, insista pour conserver la ville, disant qu'il n'y avait point de place faible là où il y avait des gens de bien pour la défendre, et il offrit de s'en charger et d'en rendre bon compte.

Le roi le nomma sur-le-champ son lieutenant général dans Mézières, et le duc d'Alençon reçut ordre de lui fournir hommes, vivres, munitions et tout ce qu'il demanderait.

Le premier soin de Bayart fut, après avoir fait sortir de la ville toutes les bouches inutiles, de rompre le pont sur la Meuse qui joignait Mézières à la France. Puis il rassembla les soldats et les bourgeois, leur fit jurer de ne jamais se rendre, et de défendre la patrie et leurs foyers jusqu'à la mort. « Si les vivres nous manquent, nous mangerons d'abord nos chevaux, et après, ajouta-t-il avec sa gaieté ordinaire, nous salerons et nous mangerons nos valets. »

Bayart avait trouvé la place en fort mauvais état, et il fit travailler jour et nuit à réparer les fossés et à relever les murailles. Pour encourager les ouvriers, il mit lui-même la main à l'œuvre, et l'on vit, à son exemple, tous les gentilshommes porter des pierres, brouetter de la terre comme maçons et pionniers. Le bon chevalier dépensa aux fortifications de cette ville plus de trois mille écus de son argent, et c'est ainsi qu'il plaçait les rançons que lui avaient payées ses prisonniers de guerre. « Mes amis, disait-il à ses compagnons, nous serait-il reproché que cette ville soit perdue par notre faute, nous qui sommes si belle compagnie ensemble et de si gens de bien? Il me semble que quand nous serions en un pré, n'ayant devant nous qu'un fossé de quatre pieds, encore combattrions-nous longtemps avant que d'être défaits. Dieu merci, nous avons murailles et remparts, je crois qu'avant que les ennemis y mettent le pied, beaucoup des leurs dormiront aux fossés. » Enfin il encourageait tellement ses gens par ses discours et sa résolution, qu'ils pensaient tous être en la meilleure et plus forte place du monde.

Peu de jours après, la ville fut assiégée des deux côtés, en deçà et en delà de la rivière. Mézières est bâtie dans une péninsule formée par la Meuse, dont l'extrémité de l'isthme n'offre qu'environ deux cents toises de large. C'est là, devant la porte dite de Bourgogne, que Sickinghen se posta avec quinze mille hommes, tandis que le comte de Nassau s'établit à l'opposite, au delà de la Meuse, avec vingt mille hommes. Leur artillerie se montait à plus de cent pièces, parmi lesquelles se trouvaient des mortiers à bombes, dont l'essai meurtrier fut fait à ce siége.

Le lendemain, les deux capitaines allemands envoyèrent un héraut sommer Bayart de rendre la ville à l'empereur, en lui remontrant que la place n'était pas tenable contre leurs forces ; ils avaient bien voulu l'en prévenir par égard pour sa prouesse et sa réputation, dans la crainte que, s'il venait à être emporté d'assaut, il n'en mésarrivât à son honneur et à sa vie. Enfin, s'il consentait à se rendre, comme l'avaient sagement fait ses compagnons à Mouzon, ils lui accorderaient si bonne composition qu'ils en serait satisfait. Le bon chevalier n'eut pas besoin de réfléchir à sa réponse : « Mon ami, dit-il en souriant au héraut, je m'ébahis de la gracieuseté que me font et présentent messeigneurs de Nassau et Sickinghen, et du soin qu'ils veulent bien avoir de ma personne, sans que j'aie jamais eu grande connaissance avec eux. Retournez leur dire que le roi, mon souverain seigneur, m'a confié cette place, et que, Dieu aidant, vos maîtres seront las de l'assiéger avant que je le sois de la défendre ; je n'en sortirai que sur un pont fait des corps morts de ses ennemis. » Cette réplique audacieuse remplit d'une nouvelle confiance les soldats du bon chevalier ; ce qui dans la bouche de tout autre n'eût paru qu'une vaine fanfaronnade, était une infaillible prédiction dans la bouche de Bayart. De retour au camp, le héraut rendit aux seigneurs de Nassau et de Sickinghen cette réponse peu satisfaisante, en présence d'un vieux capitaine, nommé Grand-Jehan-le Picard, qui avait autrefois servi avec Bayart dans les armées du roi de France. « Messeigneurs, leur dit-il, ne vous attendez pas à entrer dans Mézières tant que vivra monseigneur de Bayart ; je le connais, j'ai combattu sous ses ordres, et il est conditionné de façon à donner du cœur aux plus couards gens du monde. Sachez que tous ceux qui sont avec lui mourront à la brèche, et lui le premier, avant que nous mettions le pied dans la ville. Quant à moi, je préférerais qu'il y eût dans la place deux mille hommes de plus, et lui seul de moins. — Capitaine Grand-Jehan, répliqua le comte de Nassau, votre seigneur de Bayart n'est de fer ni d'acier pas plus qu'un autre. S'il est brave, qu'il le montre, car d'ici à quatre jours je lui enverrai tant de coups de canon, qu'il ne saura de quel côté se tourner. — On verra ce qui adviendra, dit le capitaine Grand-Jehan, mais vous ne l'aurez pas ainsi que vous le croyez. »

La dessus, les deux capitaines retournèrent chacun à leur poste, et donnèrent le signal aux batteries. A la première décharge, les gens du baron de Montmoreau furent, comme à Mouzon, saisis d'une telle frayeur, qu'en dépit de leur capitaine, ils s'enfuirent les uns par les portes, les autres en se jetant par dessus les murailles. Bayart, sans s'émouvoir, fit entendre au reste de la garnison qu'il était ravi d'être débarrassé de ces poltrons indignes de partager l'honneur d'une aussi glorieuse défense. L'artillerie allemande était si bien servie, qu'en moins de quatre jours il fut tiré sur la ville plus de cinq mille coups, bombes et boulets. Les assiégés ripostaient de leur mieux ; mais leur artillerie était trop faible pour rendre aux ennemis le mal qu'ils en éprouvaient. En revanche, le bon chevalier les tourmentait par des sorties continuelles, dans la plupart desquelles il remportait honneur et profit. Le comte de Nassau et

Sickinghen reconnurent qu'ils avaient affaire à d'autres gens qu'à ceux de Mouzon et maintes fois se rappelèrent les paroles du capitaine Grand-Jehan.

Le siége durait ainsi depuis plus d'un mois, et, malgré les précautions de Bayart, les vivres et les munitions touchaient à leur fin. Pour surcroît de malheur, une dyssenterie épidémique se mit dans la ville, et diminua tellement les troupes, qu'elles pouvaient à peine suffire à la garde de l'immense brèche qu'avait faite l'artillerie des ennemis. Le quartier de Sickinghen, en raison de sa proximité et de sa position, incommodait les assiégés autrement encore que celui du comte de Nassau : placées sur une colline qui commande la ville vers le sud-ouest, les batteries du seigneur Francisque foudroyaient Mézières, et rien ne pouvait en sortir sans tomber entre ses mains. Bayart, qui non-seulement était un des plus hardis capitaines, mais encore un des plus inventifs et subtils guerroyeurs de son temps, chercha en lui-même quel expédient il emploierait pour faire repasser l'eau à Sickinghen. Toujours bien informé, à son ordinaire, de tout ce qui se passait chez les ennemis, il connaissait la mésintelligence qui existait entre le comte de Nassau, capitaine général de l'armée, et Sickinghen, peu familier à l'obéissance, Bayart résolut d'en tirer parti et d'accroître leur défiance mutuelle.

Il fit écrire au seigneur Robert de La Mark, alors à Sédan, la seule ville qu'il eût conservée, la lettre suivante : « Monseigneur mon capitaine, je suis toujours, comme vous devez le savoir, assiégé de deux côtés : en delà de la Meuse, par le comte de Nassau, et en deça, par le seigneur Francisque. Or, je me suis rappelé que vous m'avez dit, il y a environ six mois, que vous vous proposiez de faire revenir au service du roi notre maître le seigneur de Sickinghen, votre ami. Je le désirerais fort sur la réputation qu'il a d'être gentil galant ; mais si vous voyez que cela se puisse faire, il vaudrait mieux que ce fût aujourd'hui que demain, parce qu'avant vingt-quatre heures, lui et tout son camp seront taillés en pièces. Certes, on croirait qu'en l'envoyant par deça l'eau, monseigneur de Nassau lui ait voulu jouer quelque tour de méchant compagnon, car douze mille Suisses et quatre cents hommes d'armes, sous la conduite de monseigneur d'Alençon en personne, viennent coucher ce soir à Lannoy. Demain, à la pointe du jour, ils tomberont sur son camp, pendant que de mon côté je ferai une vigoureuse sortie, de façon qu'il sera bien habile homme s'il en échappe. J'ai pensé devoir vous en prévenir, mais je vous prie que la chose soit tenue secrète.

La lettre achevée, il en chargea un paysan auquel il donna un écu, en lui disant : « Va-t-en à Sedan il n'y a que trois lieues d'ici, et tu remettras ce papier à messire Robert de la part du capitaine Bayart. » Le bon homme partit incontinent. Or, le bon chevalier savait bien qu'il était impossible qu'il passât sans tomber entre les mains des gens de Sickinghen, comme il lui arriva en effet, avant qu'il fût à deux jets d'arc de la ville. Il fut conduit devant ce seigneur, qui lui demanda où il allait. Le pauvre diable, se croyant déjà la corde au cou, lui répondit en tremblant : « Monseigneur, le grand capitaine qui est dans notre ville m'envoie à Sedan porter cette lettre à messire Robert. » Et il la tira de son sein où il l'avait cachée. Sickinghen ouvrit la lettre, et fut étrangement ébahi de son contenu. Ses querelles avec le comte de Nassau lui revinrent à l'esprit, et il ne douta plus qu'il ne lui eût fait passer l'eau pour l'envoyer à sa perte. Cinq ou six de ses plus affidés capitaines, auxquels il fit part de la trahison qu'il venait de découvrir, partagèrent son indignation, et Sickinghen, sans plus de réflexions, fit battre les tambours, sonner à l'étendard et plier bagage à ses troupes.

Le comte de Nassau, entendant ce bruit, ne sut qu'en penser, et envoya un gentilhomme s'informer de ce qui l'occasionnait. Celui-ci trouva tout le camp en tumulte, et apprit que le seigneur de Sickinghen s'apprêtait à repasser de l'autre côté. Son rapport redoubla l'étonnement du comte, d'autant plus qu'abandonner cette position c'était lever le siége. Il renvoya sur-le-champ un de ses principaux capitaines prier Sickinghen de ne pas bouger de son camp avant d'en avoir conféré avec lui, s'il ne voulait trahir le service de l'empereur. Francisque répondit en courroux à ce nouvel envoyé : « Retournez dire au comte de Nassau que je n'en ferai rien, et que, pour son bon plaisir, je ne resterai pas à la boucherie. S'il me veut empêcher de loger auprès de lui, nous verrons qui de nous deux sera le plus fort. » Il y avait quelque chose de si extraordinaire dans la conduite de l'aventurier allemand, que le comte de Nassau, de plus en plus étonné, crut devoir, à tout hasard, ranger ses gens en bataille. Sickinghen en fit autant dès qu'il eut traversé la rivière, et à les voir et à entendre les tambours et les trompettes, on eût dit que les deux armées allaient s'entr'égorger.

Le porteur innocent de la lettre qui produisait ce tumulte, le mit à profit pour s'échapper et rentrer dans Mézières. Il s'en alla au logis du bon chevalier lui faire ses excuses, de n'avoir pu percer jusqu'à Sedan, en lui racontant comme tout s'était passé. Bayart rit à gorge déployée du succès de son stratagème, et courut, suivi de plusieurs gentilshommes, sur les remparts, d'où il aperçut les deux armées en présence. « Par ma foi, dit-il après les avoir regardées quelques instants, puisqu'elles tardent si longtemps d'en venir aux mains, donnons-leur le signal du combat, » et il leur fit envoyer cinq ou six volées de canon. Après avoir demeuré une heure à s'observer, Sickinghen et Nassau firent mettre bas les armes à leurs troupes, et sans autre explication se logèrent tous les deux de l'autre côté de la Meuse.

Bayart rassembla ses capitaines, et il fut décidé qu'on profiterait du passage ouvert par le décampement de Sickinghen, pour avertir le roi de l'état de la place et de l'occasion favorable qui s'offrait de la ravitailler. En effet, le comte de St. Pol, qui campait avec six mille hommes de pied et quelques compagnies d'hommes d'armes au pont de Tavergy, à quatre lieues de Rheims, reçut ordre de s'avancer jusqu'à Attigny sur la rivière d'Aisne, à huit lieues environ de Mézières. Dans la nuit même qui suivit le jour de son arrivée, le comte de St. Paul fit diriger sur cette ville mille hommes de pied, sous la conduite du seigneur de Lorges, et quelques chariots de vivres et de munitions. L'entreprise réussit à souhait, et le convoi pénétra dans Mézières sans accident.

Ces secours ravivèrent le feu des batteries de la ville, qui faiblissait faute de munitions; les ennemis, au contraire, désespérant de s'emparer de la place, se négligèrent de plus en plus. Toutefois ils cherchèrent encore à s'assurer si le convoi avait été aussi considérable que Bayart le publiait à dessein. Le capitaine Grand-Jehan le Picard envoya un tambour demander de sa part une bouteille de vin à son ancienne connaissance le seigneur de Lorges. Celui-ci fit mener le tambour dans un vaste cellier garni d'un grand nombre de tonneaux, mais dont la plupart n'étaient remplis que d'eau, et renvoya le messager avec deux bouteilles, l'une de vin vieux, l'autre de vin nouveau.

Il n'était réellement entré dans la ville que trois chariots de provisions, qui ne pouvaient alimenter une longue consommation. Une tradition du pays ajoute à l'histoire que Bayart fit échapper de la ville quelques bœufs, après les avoir rassasiés de blé ; les Allemands s'en emparèrent, et furent convaincus en les dépeçant, que Mézières regorgeait d'une denrée aussi précieuse, puisqu'on en nourrissait même les animaux. En effet, les Impériaux, perdant tout espoir d'affamer la ville, plièrent bagages, et se retirèrent après cinq semaines d'un siége durant lequel quarante mille hommes n'avaient osé livrer aucun assaut à une place presque démantelée et défendue par quatre à cinq mille soldats. Nassau et Sickinghen n'attendirent point l'armée qu'une résistance aussi opiniâtre avait donné au roi le loisir d'assembler, et s'acheminèrent ensemble ; mais, toujours en défiance l'un de l'autre, ils furent encore huit jours avant de s'expliquer et prendre les mêmes quartiers. Ils firent leur retraite à travers la Picardie, ravageant, brûlant tout sur leur passage, et se vengeant sur les paysans, les femmes et les enfants, du mauvais succès de leur armes.

La levée du siége de Mézières produisit une allégresse universelle en France ; le roi annonça cette heureuse nouvelle à sa mère, la duchesse d'Angoulême, par une lettre dans laquelle il disait « qu'en cette occasion Dieu avait montré qu'il était bon Français. » Il eût pu ajouter que le meilleur Français, après Dieu, avait été Bayart. L'opinion générale attribua au bon chevalier le salut du royaume. Si les Allemands se fussent rendus maîtres de Mézières, comme de Mouzon, rien ne les empêchait de pénétrer jusque dans le cœur de la France, tandis que l'héroïque résistance de Bayart fatigua les troupes impériales, et donna le temps au roi de rassembler une armée.

Ce fut un spectacle touchant que le départ du bon chevalier de la ville de Mézières : les habitants l'accompagnèrent fort loin, en le comblant d'actions de grâces et de bénédictions, ils appelaient ses capitaines et ses soldats leurs défenseurs et leurs libérateurs, et baisaient jusqu'aux armes et aux casaques des moindres archers.

L'anniversaire de la délivrance de Mézières fut célébré en grande pompe dans cette ville, le 27 septembre de chaque année, jusqu'à l'époque de la révolution. L'oraison funèbre du bon chevalier était la principale cérémonie de cette fête, dans laquelle, de génération en génération, les descendants de ceux qu'il avait sauvés s'associèrent pieusement à la reconnaissance de leurs aïeux.

Bayart trouva sur sa route une population avide de le voir, et, sans pouvoir se soustraire à ce glorieux cortége, il rejoignit le roi, qui s'était avancé jusqu'à Fervaques à la poursuite des ennemis. François Ier lui fit un accueil « merveilleux, » et il ne pouvait se rassasier de le louer et de le gracieuser devant tout le monde. « En rémunération de sa vertu, » il lui donna le collier de son ordre de Saint-Michel et une compagnie de cent hommes d'armes en chef aux appointements de cinq mille écus par an. « Telles compagnies de ce temps ne se donnaient par faveu , et pour la plupart étaient réservées aux seuls princes du sang.

Bayart ne se serait pas cru digne des faveurs de son maître, s'il ne les avait justifiées par de nouveaux services. Il se mit à l'avant garde que commandait le duc d'Alençon, et fut un de ceux qui contribuèrent le plus à la reprise de Mouzon. Le roi poursuivit les Allemands, les força à repasser l'Oise, traversa lui-même l'Escaut, et les atteignit non loin de Valenciennes, où Charles-Quint était venu à leur rencontre. Bayart s'élança sur l'arrière-garde des ennemis et la jeta en déroute. Le connétable de Bourbon, La Trémouille, La Palice, demandaient à grands cris la permission d'achever la défaite des Impériaux; mais déjà il suffisait que Bourbon ouvrît un avis pour que le roi y fût contraire. Cet indigne motif et une déférence aveugle aux conseils timides du duc d'Alençon et du maréchal de Châtillon empêchèrent François de profiter de l'occasion qui s'offrait à lui de détruire l'armée de Charles-Quint et depuis il lui en coûta cher, car la fortune qu'il avait refusée ce jour là lui en garda rancune le reste de sa vie. » Le roi laissa quelques compagnies en garnison dans les villes de la Picardie et de la Champagne, licencia le reste de ses troupes, et retourna à Compiègne.

Presque tout l'hiver se passa en escarmouches et en surprises de part et d'autre. Le bon chevalier resta jusqu'au mois de décembre à Guise, sur la frontière, et fit plusieurs courses dans le Hainaut. Il s'en vint de là à Paris, et les Parisiens, instruits de son arrivée, voulurent aller au-devant de lui ; mais il entra secrètement dans la ville. Il lui fallut également se dérober à l'insigne et mémorable honneur que lui fit le parlement de cette capitale, en lui envoyant une députation pour le complimenter de sa belle conduite à Mézières. Bayart ne fuyait que devant les louanges.

CHAPITRE XX.

Le roi envoie Bayart à Gênes. — Il se signale à la bataille de la Bicoque. — Il demeure seul à la défense des frontières.— Sa conduite à Grenoble durant la peste. — Camisade de Robecco.

1521 — 1524.

Léon X venait de conclure avec l'empereur une ligue dont l'objet était le rétablissement de François Sforza, fils puîné de Ludovic le More, et l'expulsion des Français de toute l'Italie. Le premier résultat de cette alliance fut une tentative sur Gênes. Octavien Frégosse, doge ou plutôt gouverneur de cette ville au nom du roi de France, déjoua habilement les projets qu'avaient assis les confédérés sur l'apparition de Jérôme Adorne, à la tête de quelques bannis secondés de trois mille Espagnols. Les Génois, craignant que les ennemis ne s'en tinssent point à ce commencement d'hostilité, envoyèrent demander au roi un capitaine vaillant et expérimenté pour diriger leurs troupes en cas d'attaque. François Ier manda le bon chevalier à Compiègne, et le pria d'entreprendre ce voyage pour l'amour de lui, « ayant, disait-il, grand espoir en sa personne. » Bayart ne se lassait jamais d'être utile, et il accepta la commission d'aussi bon cœur qu'elle lui était donnée. Il prit la route de Grenoble où il fut contraint d'accorder quelques jours aux vœux et aux instances de ses compatriotes. Il se rendit à Gênes sans aucune troupe, accompagné seulement de Charles Alleman de Loval son cousin, des seigneurs Balthazar de Beaumont, Gumin de Romanèche, et de quelques autres gentilshommes ses compatriotes. Il fut reçu dans cette cité en homme que sa réputation y avait précédé ; et tout en veillant aux intérêts du roi, il sut tellement se conformer au génie et aux mœurs de ce peuple, que les Génois associèrent dans leur reconnaissance le nom de Bayart à celui de leur ancien et vénéré gouverneur le maréchal de Boucicault. Sa présence suffit pour éloigner tout danger de la ville de Gênes ; et après avoir rendu compte au roi de sa situation tranquille, le bon chevalier courut chercher dans le Milanais des occasions plus dignes de son grand cœur.

Les rigueurs et les exactions du successeur du connétable de Bourbon avaient disposé les esprits à un soulèvement général, que le pape et l'empereur secondèrent de toute la puissance de leurs intrigues et de leurs armes. Lautrec et son frère le maréchal de Foix, plus soldats que capitaines, ne purent lutter contre les talents de Prospero Colonna et du jeune Ferdinand d'Avalos, marquis de Pescaire. Une antique et pernicieuse coutume remettait les prisonniers à la disposition de ceux qui les avaient faits sur le champ de bataille. Une rançon plus ou moins forte rendit en pleine guerre à l'Italie les deux capitaines qui en chassèrent les Français. A peine replacés à la tête de l'armée confédérée, Colonna et Pescaire s'emparèrent de Milan, et successivement des principales villes de la Lombardie. Lautrec se hâta d'envoyer son frère le maréchal de Foix chercher à la Cour des troupes et de l'argent, et replia sur la frontière. La mort de Léon X offrit aux Français quelques chances favorables, que ne tarda pas à faire évanouir l'élection de l'ancien précepteur de Charles-Quint, Adrien IV.

Cependant le maréchal de Foix et Pietro Navarro amenèrent de France à Gênes un secours assez considérable, auquel se joignit le bon chevalier avec ses compagnons. Ils traversèrent la Lomeline, continuellement harcelés dans leur marche par les Italiens et les Espagnols, et opérèrent à la pointe de l'épée leur jonction avec Lautrec. Leur arrivée et celle du maréchal de La Palice, à la tête d'un renfort de seize mille Suisses, changèrent la face de la guerre, et rendirent la supériorité à l'armée française. Elle s'avança vers Milan et vint camper à Monza, à quelques milles de cette capitale. Prospero Colonna se hâta de suivre le mouvement de Lautrec, et se porta entre lui et Milan à la Bicoca, ancienne résidence ducale, dont le nom vulgaire n'est devenu que trop fameux. Un blocus de peu de jours suffisait pour affamer les ennemis ; les attaquer dans cette position, où l'art avait ajouté à l'avantage des lieux, était s'exposer à une défaite certaine, et c'est à cette extrémité que des troupes mercenaires réduisirent Lautrec. Ce général avait eu l'imprudence de se séparer de sa caisse et de la laisser à Arona, de l'autre côté du lac majeur. Les Suisses, privés de leur solde, éclatèrent en murmures et menaçèrent de se retirer. On les conjura d'attendre quelques jours ; mais les prières et les remontrances furent inutiles, on n'en put tirer que ces trois mots : « Argent, bataille ou congé. » Lautrec obéit à ceux auxquels il devait commander, et en dépit de La Palice, qui préférait laisser partir les Suisses, il ordonna l'attaque.

Toutefois Lautrec avait chargé deux de ses plus expérimentés capitaines d'aller reconnaître les retranchements et l'ordre de bataille des ennemis. Bayart et Pietro Navarro s'en acquittèrent avec l'habileté dont ils avaient donné tant de preuves ; mais que pouvaient les meilleures dispositions contre la force des lieux ? Le bon chevalier reprit sa place à l'avant-garde, et seconda par des prodiges de valeur les efforts du maréchal de Foix. Un instant la fortune parut céder à leur courage, et si le camp ennemi eût pu être forcé par une poignée d'hommes, il l'eût été par Montmorency, Bayart et Pont-dormy. Mais l'audace des Suisses était passée comme feu de paille : leur première pointe avait été terrible, et, au milieu de l'action, ils abandonnèrent dans le danger ceux qu'ils y avaient précipités. Les Français se retirèrent enfin de désespoir, laissant plus de six mille hommes sous les retranchements de la Bicoca. Cette défaite entraîna les suites les plus fâcheuses ; les Vénitiens renièrent l'alliance des Français, les Suisses désertèrent leur service, et, de toutes leurs conquêtes au-delà des Alpes, il ne leur restait, un mois après, que les citadelles de Milan et de Crémone.

Avec ce qu'ils purent ramasser des débris de leurs troupes, les capitaines français se hâtèrent de franchir les monts et de courir à Paris se justifier et accuser les financiers du roi. Bayart, craignant que les ennemis ne profitassent de l'occasion pour entrer dans le royaume, s'arrêta sur la frontière du marquisat de Saluces. Sans autres forces que sa compagnie, deux mille gens de pied, sous la charge de Pierre de Théys, seigneur d'Herculais, et de Philippe de La Tour, seigneur de Vatilieu, gentilshommes dauphinois, il fit bonne contenance jusqu'à ce que les confédérés eussent pris une autre direction.

Le bon chevalier repassa les monts, et se rendit à Grenoble, où il trouva l'occasion de déployer un genre de courage peut-être le moins commun. Cette ville était en proie à la peste, qu'aggravait la famine. Bayart se hâta de prendre les mesures les plus efficaces contre ces deux calamités, et veilla lui-même à leur exécution avec cette charité et cet amour des malheureux qui complétaient ses vertus. Suivi des médecins et des chirurgiens, il parcourait la ville, entrait dans les maisons infectées de la contagion, faisant distribuer des médicaments et des secours aux malades, sans plus s'inquiéter de la peste que d'un autre danger. Tant qu'elle dura, il nourrit chaque jour un grand nombre de pauvres, fit soigner à ses dépens les pestiférés dans les hospices, et alla chercher des malheureux jusque dans les villages circonvoisins. Le bon chevalier, si digne de ce nom, dépensa dans l'espace de quelques mois plus de sept cents écus d'or en charités. Grâce à son dévouement, ses soins et ses libéralités, Grenoble fut délivrée en peu de temps d'un fléau dont elle n'avait que trop souvent éprouvé les ravages.

Le bon chevalier s'occupait à dénombrer et à passer en revue les Dauphinois en état de porter les armes, pour les employer, en cas de besoin, à la défense des frontières, lorsqu'un ennemi domestique vint menacer la tranquillité de la province. Il s'était formé dans le Poitou et le Bourbonnais des bandes de brigands qui ne tardèrent pas à se grossir et à infester le reste du royaume. Sous la conduite de Maclou, leur roi, (c'est le titre qu'ils donnaient à leur chef), ils s'étaient plusieurs fois avancés sur les bords du Rhône, et, retenus par la terreur du nom de Bayart, ils n'avaient osé traverser le fleuve. A la fin, quinze cents des plus déterminés de ces misérables passèrent dans le Viennois, où il n'y eut point de forfaits qu'ils ne commirent. Bayart accourut à peine suivi d'une vingtaine de ses gens d'armes et de quelques milices dauphinoises, et les mit en fuite au seul bruit de sa marche. Maclou et ses compagnons, épars dans les montagnes du Dauphiné se réfugièrent vainement de rocher en rocher : le bon chevalier brava leurs flèches et leur désespoir. La tradition rapporte qu'il ne dédaigna point de croiser le fer avec leur chef, et que Maclou n'évita le glaive de Bayart que pour aller, par delà le Rhône, tomber sous celui du connétable de Bourbon.

Au mois de septembre de l'an 1523, François Ier se disposait à reconquérir en personne le Milanais que ses généraux lui avaient perdu, lorsque l'évasion du second prince du sang vint troubler son royaume et rompre toutes ses mesures. Charles de Bourbon en avait été réduit, par les injustices et les persécutions de la Cour, à oublier le sang qui coulait dans ses veines et à se jeter aux bras de l'empereur.

Ces dissensions domestiques rendaient l'absence du roi trop dangereuse : il confia le commandement de son armée à Guillaume Gouffier, seigneur de Bonnivet, amiral de France. Ce jeune compagnon de ses plaisirs n'avait d'autre titre à cette préférence que la haine qu'il portait à Bourbon ; elle ne lui tint pas lieu de talent. A la tête d'une armée de quarante mille hommes, ce général traversa le Tésin avant que les confédérés eussent pensé à rassembler leurs troupes. Il n'avait qu'à profiter du moment pour marcher sur Milan, où régnaient le tumulte et la consternation ; mais Bonnivet se piqua d'un temporisement hors de propos, et donna le plaisir à Prospero Colonna de rassurer les esprits et de mettre la ville à l'abri d'une surprise.

Bayart était à l'avant-garde de l'armée, et dès l'ouverture de la campagne, il se trouvait à Cassano, non loin de Milan. Il n'avait pas vu sans déplaisir le roi se faire remplacer par Bonnivet, tandis qu'il gardait en France et La Palice et La Trémouille; mais il n'était pas du nombre de ceux qui s'autorisent de leur mécontentement pour négliger leur devoir. C'était la première campagne qu'il faisait sous ses propres enseignes, et sa compagnie de cent lances ne s'élevait pas à moins de quinze cents chevaux. Ses compatriotes n'avaient cédé que peu de places aux étrangers; les Clermont, les Bérenger, les Beaumont et les Monteynard figuraient au nombre de ses hommes d'armes et de ses simples archers.

Lorsque l'amiral se fut décidé à paraître sous les murs de Milan, il trouva prête à le recevoir une garnison de vingt mille hommes, que secondait une population fanatisée par les discours du célèbre Jérôme Moroni. Jaloux de réparer sa faute, il se proposa de former le blocus de cette immense cité, et de l'affamer en s'emparant de toutes les places et de tous les passages environnants. Mais son imprévoyance rendirent vains tous ses efforts, et les hauts faits du bon chevalier ne servirent à rien. Il ne songea plus alors qu'à se retirer au-delà du Tésin et fit sa retraite sur Biagrasso sans être inquiété par les ennemis. Tous les capitaines impériaux demandaient la bataille à grands cris, mais le prudent Colonna leur répondit « que Bonnivet achèverait bien lui-même la ruine de son armée sans qu'on lui aidât. » Sa prédiction ne fut que trop véritable ; mais cet illustre capitaine ne vécut pas assez pour en voir l'accomplissement. Le vice-roi de Naples, Charles de Lannoy, le remplaça, et ni lui, ni ses deux lieutenants Bourbon et Pescaire n'étaient d'humeur à laisser le moindre repit à l'amiral Bonnivet.

Celui-ci était campé à Biagrasso, lorsqu'un jour il fit mander le bon chevalier, et lui dit : « Monseigneur de Bayart, il faut que vous alliez loger à Robecco avec vos cent hommes d'armes et les gens de pied des seigneurs de Lorges, de Mézières et de Saint-Mesmes. Nous serons par ce moyen, plus à portée de couper les vivres à ceux de Milan et de veiller sur leurs mouvements. » Le bon chevalier n'avait de sa vie refusé commission d'aucune espèce, mais il connaissait trop son métier pour ne pas apercevoir le péril évident de celle-ci. « Monseigneur, répondit-il, je ne sais comment vous l'entendez, mais pour garder cette position il ne serait pas assez de la moitié des troupes qui sont ici. Je connais l'activité et la vigilance de nos ennemis, et il me semble impossible que je n'y reçoive de la honte, car, s'ils étaient eux-mêmes à Robecco, je me chargerais de les aller réveiller quelque nuit à leur désavantage. Veuillez donc bien, monseigneur, adviser quel est le poste où vous voulez m'envoyer. » L'amiral insista, et lui donna sa parole qu'il ne sortirait pas une souris de Milan qu'il n'en fût averti et ne volât à son secours. Après lui avoir fait de vaines représentations Bayart n'eut plus qu'à obéir, et il partit de fort mauvaise humeur. Prévoyant bien ce qui devait arriver, il ne mena que deux grands chevaux avec lui, il renvoya à Novare le reste de ses équipages.

Le bon chevalier, arrivé dans Robecco, trouva un mauvais village ouvert de tous côtés, et où il était impossible d'établir d'autre fortification que deux barrières aux principales avenues. Il écrivit plusieurs fois à l'amiral « que s'il voulait qu'il demeurât plus longtemps dans une position aussi dangereuse, il eût à lui envoyer du canon et des gens de pied. » N'en recevant pas même de réponse, il ne douta plus que Bonnivet ne l'eût sacrifié à sa jalousie.

L'armée des ennemis, sortie de Milan, s'était venue loger sur la route de cette ville à Pavie; le vice-roi fut averti par ses espions que le capitaine Bayart était dans Robecco, en petite compagnie, et hors de portée de tout secours. Il résolut de lui donner ce qu'on appela depuis une *camisade*, et d'enlever aux Français le dernier capitaine qui balançât la fortune des confédérés. Il chargea de cette expédition deux de ses plus habiles lieutenants, le marquis de Pescaire et le seigneur Jean de Médicis, neveu du nouveau pape Clément. Il leur donna cinq mille gens de pied, cinq mille hommes d'armes, et promit de s'avancer avec le reste de l'armée pour les secourir en cas de besoin. Ils partirent à minuit, guidés par des paysans du village même, après avoir eu la précaution de faire mettre à leurs soldats des chemises blanches par-dessus leurs armes pour se reconnaître dans l'obscurité.

Bayart, qui ne pouvait être tranquille dans sa position, avait passé les trois nuits précédentes aux avant-postes, et la fatigue, la froidure, jointe à l'inquiétude, lui donnèrent un de ces violents accès de fièvre auxquels il n'était que trop sujet. Beaucoup plus malade encore qu'il ne le faisait paraître, il fut contraint de garder la chambre toute la journée. Quand vint le soir, il ordonna à ses capitaines de faire une ronde avancée et de placer force sentinelles sur tous les points. Ils y allèrent ou firent semblant d'y aller, et une petite pluie les fit bientôt rentrer, ainsi que tous les archers, à l'exception de trois ou quatre.

Les Espagnols arrivèrent jusqu'à un jet d'arc du village sans rien rencontrer, et furent si ébahis, qu'ils crurent qu'averti de leur entreprise, le capitaine Bayart s'était retiré à Biagrasso. Ils marchèrent en avant, et n'eurent pas fait une centaine de pas qu'ils trouvèrent trois ou quatre archers à moitié endormis et transis de froid. Ils les chargèrent sans faire du bruit, et les pauves diables s'enfuirent aussitôt en criant : Alarme ! Alarme ! mais il furent serrés de si près, que les ennemis parvinrent aux barrières en même temps qu'eux.

Le bon chevalier, depuis son arrivée à Robecco ne reposait que tout vêtu, armé de ses cuissards, de ses avant-bras, et sa cuirasse auprès de lui. Au premier cri il se jeta sur son coursier qu'il faisait tenir sellé jour et nuit ; et quoiqu'il eût pris médecine le soir même, il courut aux barrières, suivi de son cousin Gaspard Terrail, de Michel, de Poisieu et de trois ou quatre de ses hommes d'armes. De Lorges y arriva presque aussitôt avec quelques gens de pied, et ils se mirent vigoureusement en défense. Pescaire avait recommandé à Jean de Médicis d'entourer le village avec sa cavalerie, et de ne pas laisser échapper le capitaine Bayart. Mais il ne le tenait pas encore. Tout en se battant aux barrières, le bon chevalier jugea du nombre des ennemis au bruit que faisaient leurs trompettes et leurs tambours. Lorges, mon ami, dit-il à son compagnon, la partie n'est pas égale ; s'ils forcent cette barrière, **nous sommes perdus.** Croyez-moi, faites retirer nos gens, serrez le mieux possible, et ouvrez vous passage au travers de ceux qui barrent le chemin, pendant qu'avec mes gens d'armes, je tiendrai ferme sur le derrière. Il faut se résoudre à sacrifier notre bagage aux ennemis, et sauver les hommes si faire se peut. »

Le capitaine de Lorges exécuta le commandement et se retira en si bon ordre, qu'il ne perdit que fort peu des siens. Cette résistance avait donné le temps aux Français de se rassembler, de monter à cheval, et ils firent leur retraite sans laisser aux ennemis plus de douze ou quinze gens d'armes. Pour le bagage, les valets et environ cent cinquante chevaux, ils restèrent au pouvoir des Espagnols. Pescaire et Jean de Médicis parcouraient le village, faisant par les maisons chercher le bon chevalier, car ils ne voulaient autre chose que sa personne, et s'ils l'eussent pris, peu leur importait le reste ; » mais Bayart était déjà sur la route de Biagrasso, où il rencontra à moitié chemin Bonnivet, qui arrivait enfin à son secours.

Le bon chevalier « était de sa nature haut à la main., » et la mort dans le cœur de l'affront qu'il venait de recevoir par la faute de l'amiral, il l'accabla des plus sanglants reproches. « Au surplus, Monseigneur, lui dit-il, vous m'en ferez raison en temps et lieu ; aujourd'hui le service du roi doit passer avant tout. » Bonnivet, fier de sa faveur, n'était pas endurant ; mais, cette fois il acquiesça un peu, voyant qu'il avait tort, l'ayant envoyé sur sa foi et promesse, contre son opinion et toute forme de guerre. » Nul doute que si Bayart eût vécu, les choses n'en fussent point restées là à son retour en France. Le galant favori eût appris à ses dépens qu'il n'était pas si commode de se jouer de sa parole à l'armée qu'à la Cour.

CHAPITRE XXI.

Passage de la Sesia. — L'amiral Bonnivet remet à Bayart le commandement de l'armée. — Bayart est blessé à mort. — Ses dernières paroles.

1524.

Peu de jours après cet échec qui fit le plus grand tort à sa réputation, l'amiral se retira de Biagrasso à Novare, où il attendit un corps de douze mille Suisses et Grisons que le roi envoyait à son secours. L'armée impériale s'était grossie à mesure que les maladies et la misère avaient diminué la sienne, et ce renfort était son dernier espoir. Mais Jean de Médicis harcela avec tant de succès les Grisons à leur passage dans le Bergamasque, qu'il les força de reprendre le chemin de leur pays, et il n'y eut qu'environ six à huit mille Suisses qui s'avancèrent jusque sur les bords de la Sesia. Dans son impatience, Bonnivet évacue Novare, et vient à leur rencontre à Romagnano. Il leur fait dire de passer de son côté et de se joindre à lui pour repousser les Impériaux, qui s'étaient mis à sa poursuite, les Suisses lui répondirent « qu'ils n'étaient pas venus pour servir sous lui, mais pour chercher leurs compatriotes et les ramener dans leur pays. »

Ce malheur en entraîna un autre. Les Suisses qui se trouvaient dans l'armée française, voyant leurs compagnons à l'autre bord, se débandèrent et passèrent en foule la rivière. L'amiral fut donc réduit à les suivre pour sauver le reste de ses troupes. Au milieu de la nuit, il traversa en silence la Sesia, mais il ne put échapper à la vigilance de Pescaire et à la haine plus vigilante encore de Bourbon. Ces deux capitaines tombèrent sur l'arrière garde française et en firent un carnage affreux. Parvenu à Gattinare, de l'autre côté du fleuve, l'amiral feignit d'y vouloir passer la nuit et dès que les ennemis se furent retirés, il poussa outre et alla se loger à Ravisingo, trois lieues plus loin. Il se remit en route le lendemain à la pointe du jour, après avoir rangé ses troupes dans le plus grand ordre et s'être placé lui-même au poste que l'honneur lui assignait.

Cédant aux instances de Bourbon, le vice-roi avait traversé dans la nuit le Sesia, à la tête de l'armée impériale, et ses chevau-légers atteignirent les Français à deux milles de Ravisingo. Bonnivet, Bayart et le seigneur Vandenesse soutinrent vaillamment leur choc, et plusieurs fois les repoussèrent au loin ; mais le marquis de Pescaire étant survenu à la tête d'un corps considérable d'hommes d'armes et d'arquebusiers, l'attaque recommença avec une nouvelle fureur. Dans une charge qui fut faite à l'aube du jour, le seigneur de Vandenesse, ce digne frère de La Palice, fut tué d'un coup d'arquebuse, et l'amiral blessé grièvement au bras gauche. Il fit incontinent appeler le bon chevalier et lui dit : « Monseigneur de Bayart, vous voyez mon état, je vous remets le commandement comme au plus digne que je connaisse dans toute l'armée du roi ; au nom de l'honneur de la France, je vous conjure de sauver l'artillerie et les enseignes, que je consigne entièrement à votre valeur et bonne conduite. — Monseigneur, lui répondit le bon chevalier, je voudrais bien que vous me fissiez cet honneur en quelque occasion où la fortune nous fut moins contraire, mais n'importe, je vous donne ma foi de les défendre si bien, qu'elles ne viendront pas de mon vivant au pouvoir des ennemis. » Cette promesse, il ne tarda pas à la sceller de son sang. Pour Bonnivet, il se fit porter dans sa litière à l'avant garde, ne craignant rien autant que de tomber aux mains de son mortel ennemi, qui, en effet, croyait toucher au moment de la vengeance.

L'audace des ennemis s'étaient accrue à mesure qu'ils avaient reconnu le pitoyable état auquel la misère et la famine avait réduit notre armée. Tous les chevaux de bataille étaient morts, et les hommes d'armes, montés sur des courtauds exténués de fatigue et de maigreur, ne rappelaient guère l'irrésistible gendarmerie française. Aux nombreuses bandes d'arquebusiers espagnols s'opposaient à peine quelques Suisses, aussi mal armés qu'inhabiles à se servir du mousquet. Mais les Français sous les ordres de Bayart, reprirent une vigueur à laquelle leurs adversaires ne s'attendaient pas. Aux cris de France! France! Bayart! Fête-Dieu! Bayart! ils repoussèrent les ennemis, et firent un grand carnage de ceux qui s'étaient trop avancés. Intimidés, les Espagnols ne suivirent plus l'arrière garde qu'à coups de mousquettes, de fauconneaux et d'arquebuses à croc. Durant plus de deux heures, Bayart les tint à distance, tandis que l'artillerie et le bagage filaient sur Ivrée.

On le voyait aussi assuré que s'il eût été en sa maison, rallier, presser ses gens d'armes et se retirer au petit pas toujours le dernier, faisant à chaque instant face aux ennemis, l'épée au poing, et leur donnant plus de crainte qu'un cent d'autres.

Vers les dix heures du matin, le bon chevalier rejoignait sa troupe après une nouvelle charge, et tournait le visage pour observer les Espagnols, lorsque fut tiré un coup d'arquebuse à croc, dont la pierre le frappa dans le flanc droit et lui brisa l'épine du dos. « Jésus! hélas! mon Dieu! je suis mort! s'écria-t-il en portant à ses lèvres la garde de son épée en guise de croix. *Miserere mei, Deus, secundum magnam misericordiam . . . . .* » Il ne put achever, et serait tombé de cheval s'il n'eût eu encore le cœur de se retenir à l'arçon de sa selle. Jacques Joffrey, son maître d'hôtel, accourut et le reçut dans ses bras. « Qu'on me descende au pied de cet arbre, dit le bon chevalier, et qu'on me mette en sorte que j'aie la face regardant les ennemis; ne leur ayant jamais tourné le dos, je ne veux pas commencer en finissant, car c'est fait de moi. » Joffrey exécuta sa volonté à l'aide de quelques soldats suisses. Jean de Diesback, capitaine fribourgeois, fit croiser les piques à quatre de ses gens et le voulait absolument emporter au milieu de son bataillon. Bayart le remercia en lui disant : « Laissez-moi, je vous prie, penser un peu à ma conscience; m'ôter de là ne ferait qu'abréger cruellement ma vie, car, dès que je me remue, je sens toutes les douleurs que possible est de sentir, hors la mort, laquelle me prendra bientôt. » S'apercevant que les ennemis avançaient, il commanda de les repousser, pendant que, faute de prêtre, il se confessait à son maître d'hôtel. Le jeune gentilhomme fondait en larmes en voyant son bon maître si mortellement navré, et Bayart lui-même le consolait : « Jacques, mon ami, lui disait-il, laisse ton deuil; c'est le vouloir de Dieu de me retirer aujourd'hui de ce monde, où il m'a comblé de plus de jours et de biens que je n'en ai mérité. »

Gabriel d'Alègre, prévôt de Paris, reçut ses dernières volontés et son testament militaire. Il institua son héritier universel George Terrail, son frère, en lui substituant, dans le cas auquel il mourrait sans enfants mâles, Gaspard Terrail de Bernin, son cousin, qui était alors dans l'armée. Cependant les ennemis approchaient, et tous les hommes d'armes et les serviteurs du bon chevalier l'entouraient en grands pleurs et gémissements, sans pouvoir se résoudre à l'abandonner. « Mes amis, leur dit-il, je vous supplie, allez-vous en, autrement vous tomberiez entre les mains des ennemis, et cela ne profiterait de rien, car il est fait de moi. Adieu, mes bons seigneurs et amis, je vous recommande ma pauvre âme ; et vous, monseigneur d'Alègre, saluez, je vous prie, de ma part, le roi notre maître, et dites-lui combien je suis marri de ne le pouvoir servir davantage ; recommandez-moi à messeigneurs les princes, à tous mes compagnons, et généralement à tous les gentilshommes du très-honoré royaume de France, quand vous les verrez. »

Le baron d'Alègre lui dit adieu, et s'éloigna en pleurant à chaudes larmes, suivi des hommes d'armes du bon chevalier, que son exprès commandement arracha seul d'auprès de lui. Il resta seul avec Jacques Joffrey, que rien ne put forcer à abandonner son maître.

Comment Bayart n'aurait-il pas été pleuré des

siens puisque son trépas arracha des larmes même à ses ennemis? A peine ses gens s'éloignaient-ils que le marquis Pescaire arriva, et se précipitant à bas de son cheval il lui adressa des paroles affectueuses par lesquelles il lui montrait quelle haute estime il avait toujours faite de sa singulière prouesse. Il fit ensuite dresser sa tente autour de l'arbre, et mettre le bon chevalier sur son lit de camp, où il aida lui-même à le coucher en lui baisant les mains. Il voulait que ses chirurgiens visitassent sa blessure; mais Bayart lui répondit qu'il n'avait plus besoin des médecins du corps, mais de ceux de l'âme, et il lui demanda un aumônier, auquel il renouvela dévotement sa confession. « La France, dit Pescaire les larmes aux yeux, ne sait pas tout ce qu'elle perd aujourd'hui en ce bon chevalier. » Ne pouvant demeurer plus longtemps auprès de lui, il reprit son poste à la tête des chevau-légers, après avoir laissé à sa garde deux de ses gentilshommes, pour qu'il ne fût ni offensé, ni fouillé par aucun soldat. Mais de cela il n'était pas besoin, l'humanité et la générosité du capitaine Bayart envers les prisonniers n'étaient pas moins connues que sa valeur et il n'y eut pas six hommes de toute l'armée espagnole qui n'allassent l'un après l'autre visiter et plaindre un si noble ennemi.

Bourbon, Charles de Bourbon, acharné à la poursuite des Français, l'aperçut en passant. Le ciel voulut qu'il s'arrêtât pour recevoir de la bouche de Bayart mourant un arrêt plus rigoureux, que tous ceux que le roi et ses parlements avaient lancés contre lui. » Ah! capitaine Bayart, lui dit-il en mettant pied à terre, vous que j'ai toujours aimé pour votre grande prouesse et loyauté, que j'ai grand' pitié de vous voir en cet état! » Le preux chevalier, rappelant ses esprits, lui repartit d'une voix assurée : « Monseigneur, je vous remercie, mais ce n'est pas de moi qui meurs en homme de bien, servant mon roi, qu'il faut avoir pitié; c'est de vous qui portez les armes contre votre prince, votre patrie et votre foi! » Bourbon baissa les yeux, et se rejetant à cheval, courut étourdir ses remords à la poursuite de Bonnivet.

Le bon chevalier resté seul, ne pensa plus qu'à son âme, et après avoir reçu le saint viatique, il commença d'une voix intelligible cette prière: « Sire Dieu, tout indigne que je suis, j'ai confiance en la promesse que tu as faite de recevoir toujours à merci le pécheur, si grand qu'il soit, qui de bon cœur retournerait à toi. Hélas mon Créateur et Rédempteur, je te supplie d'oublier les fautes que j'ai commises et de n'écouter que ta grande miséricorde. Veuille me pardonner selon les mérites de la sainte passion de ton fils Jésus.... » Il ne put achever; son premier cri, quand il se sentit blessé, avait été le nom de Jésus, et ce fut en articulant ce nom adorable que le bon chevalier sans peur et sans reproche rendit son dernier soupir, le 30 avril 1524, vers les six heures du soir.

Dès qu'il fut mort, les gentilshommes commis à sa garde le transportèrent, d'après les ordres qu'ils avaient reçus de Pescaire, dans l'église du bourg le plus voisin, où il fut fait un service auquel assistèrent les principaux capitaines espagnols et une partie de l'armée. Son corps fut ensuite remis à Jacques Joffrey, son fidèle serviteur, avec un sauf-conduit pour le rapporter en France. A son passage sur les terres de Savoie, le duc lui fit rendre, dans tous les lieux où il s'arrêtait, les mêmes honneurs que s'il eût été un prince de son propre sang. Quand il fut arrivé en Dauphiné, les regrets et les larmes que l'on avait donnés à la nouvelle de sa mort se renouvelèrent avec une vivacité qu'il serait impossible de décrire. De mémoire d'homme il ne s'était vu en la province un deuil aussi véhément et universel que celui qui suivit, pendant plusieurs mois, le trépas du bon chevalier. Prélats, gens d'églises, nobles et bourgeois, riches et pauvres, semblaient chacun en particulier avoir perdu son père ou son fils unique.

Ses parents et amis allèrent recevoir son corps à la frontière, et l'amenèrent d'église en église jusqu'à une demi lieue de Grenoble ; là ils trouvèrent le clergé, le parlement, la cour des comptes, et une immense population qui venaient au devant. Tous accompagnèrent son convoi à l'église cathédrale de Notre Dame, où, durant un jour et une nuit, il fut célébré des services « avec le même appareil que si Bayart eût été, non le gouverneur, mais le souverain du Dauphiné. » Le bon chevalier avait ordonné en mourant que son corps fut déposé à Grignon, dans la sépulture de son père et sa mère ; mais ses parents assemblés jugèrent plus convenable en sa qualité de lieutenant-général du pays, de l'inhumer dans le couvent des Minimes de la Plaine-lez-Grenoble, dont son oncle, l'évêque Laurent Alleman, était le fondateur. Son corps y fut transporté avec les mêmes cérémonies qui avaient honoré son entrée dans la ville, et déposé sous une simple pierre qui, à défaut d'autre épitaphe, ne reçut pas même son nom. La piété plus soigneuse des enfants de saint Bruno l'inscrivit en leur rituel. Le prieur général de l'ordre institua dans toutes les chartreuses du monde, pour le repos de l'âme du bon chevalier, un *obiit* perpétuel et anniversaire, au mois de mai 1524. Il appartenait à ces pieux solitaires de consacrer la mémoire d'un guerrier qui avait porté dans les camps les vertus qu'ils pratiquaient au désert.

« Le commun proverbe qui dit que *nul ne vit sans vice*, a failli en l'endroit du bon chevalier ; car je prends à témoin tous ceux qui l'ont connu, en ont-ils jamais découvert un seul en lui ? » (*) Il aimait et craignait Dieu par-dessus toute chose, et onc ne le blasphémait ni jurait par son nom, contre l'habitude presque générale de son temps. Tous les capitaines avaient alors leurs jurons ou serments particuliers plus ou moins saugrenus. Feste-Dieu, Bayart ! était le sien. Chaque matin, avant de sortir, le bon chevalier disait ses heures à deux genoux, en grande humilité, et pour cela il avait toujours soin d'être seul.

Il était très aumônier, et faisait ses aumônes secrètement. Il aimait son prochain comme lui-même, et onc il n'eut, durant sa vie, un écu qui ne fût au service du premier qui en avait besoin. Il assistait en secret les pauvres honteux, et rien n'est si certain qu'il a doté et marié, sans faire bruit, plus de cent pauvres filles orphelines, gentilles femmes ou autres. C'était là qu'il plaçait les rançons que lui payaient ses nombreux prisonniers de guerre.

Jamais Bayart ne fut en pays ennemi sans payer ce qu'il prenait dans les maisons. A ceux qui lui disaient : « Monseigneur, c'est argent perdu que vous baillez, car, au partir d'ici, on mettra le feu céans, et l'on emportera tout ce que vous leur don-

---

(*) Le Loyal-Serviteur s'adressait ainsi aux contemporains de Bayart, l'an 1527, trois années après la mort de son maître.

nerez, » il leur répondait: « Messeigneurs, je fais ce que je dois, advienne que pourra ! Dieu ne m'a pas mis au monde pour vivre de pillage et de rapine ; que savez-vous si ce pauvre homme ne pourra pas cacher son argent au pied de quelque arbre, puis le retrouver quand la guerre sera hors du pays, et prier Dieu pour moi ? » Le bon chevalier s'est trouvé en plusieurs guerres avec les Allemands, qui, au déloger, avaient coutume d'incendier leur logis ; lui ne partait jamais qu'ils ne fussent éloignés, afin de conserver le sien à ses hôtes.

Bayart était fort mauvais flatteur, et plus à son aise dans les camps qu'au palais de Tournelles ou de Compiègnes. Il haïssait les hypocrites comme les faux braves et faisait sévère justice des soldats qui abandonnaient leurs enseignes pour courir à la maraude. Il guerroya contre la plupart des nations de l'Europe : Anglais, Espagnols, Allemands, Italiens plièrent maintes fois devant lui, et ses défaites mêmes eurent cela de particulier, qu'elles étaient triomphantes à l'envi des plus belles victoires. « Il était l'homme du monde qui disait et parlait le mieux. » Toujours joyeux en guerre, il encourageait ses gens de si bonne grâce, qu'ils oubliaient avec lui fatigues, misère et dangers. Comme on le voit dans toute sa vie, il ne rechercha point les occasions de gagner de l'argent, et n'était guère plus riche en sortant de ce monde que lorsqu'il y entra Quand il touchait les rançons de ses prisonniers, et ils ne furent pas en petit nombre, il avait coutume de dire : « Ce que le gorgerin amasse, le gantelet le dépense. » Bayart vivait dans un siècle où nombre de guerriers joignaient à une valeur sinon aussi brillante, du moins aussi réelle que la sienne, l'avantage d'une haute naissance. Simple gentilhomme de province, il fut obligé de pousser pied à pied sa fortune, et de gendarme en la compagnie du comte de Ligny, il devint lieutenant-général du Dauphiné, chevalier de l'ordre du roi et capitaine de cent hommes d'armes, charge dont se contentaient alors les princes du sang. Nul doute que si la mort n'eût enlevé Bayart presqu'au milieu de sa carrière à l'âge d'environ cinquante-un ans, François Ier n'aurait pas tardé, en dépit des jalousies de Cour, à confier quelque charge importante au défenseur de Mézières. Le choix qu'avait fait ce prince du bon chevalier pour recevoir l'ordre de chevalerie de sa main, est un sûr garant de la haute estime dont il l'honorait.

A la nouvelle de sa mort, François témoigna durant plusieurs jours l'extrême déplaisir qu'il en ressentait et entre autres paroles il dit: « qu'il avait perdu un grand capitaine, dont le nom faisait honorer et craindre ses armes ; que véritablement il méritait de plus hautes charges et bienfaits qu'il n'avait possédés. » On l'entendit répéter dans le cours de ses disgrâces : « Ah ! capitaine Bayart, que vous me faites grand' faute ! » Durant sa captivité, causant un jour familièrement de la bataille de Pavie avec Marin de Montchenu, son premier maître d'hôtel, il lui dit : « Si ton compatriote le capitaine Bayart, qui était moult vaillant et expérimenté, eut été vivant et près de moi, mes affaires sans doute eussent mieux tourné ; j'aurais pris et suivi son conseil ; je n'aurais pas séparé mon armée, ni ne serais follement sorti de mes retranchements ; et puis, sa présence m'aurait valu cent capitaines, tant il avait gagné de créance parmi les miens, et de crainte parmi mes ennemis ! Ah ! je ne serais pas ici ! »

Bayart haïssait mortellement l'usage des armes à feu, comme s'il eût prévu son genre de mort. « C'est un grand crève-cœur, disait-il, qu'un homme vaillant soit tué par un vil et abject friquenclle. » Aussi rarement faisait-il quartier aux arquebusiers ennemis qui tombaient entre ses mains.

Bayart était d'une taille élevée, assez maigre, mais de belle prestance. Il avait le visage pâle, mais doux et gracieux, le nez long et effilé, les cheveux châtains et les yeux noirs et pleins de vivacité. Il portait la barbe rase, selon l'usage du siècle de Louis XII, que l'exemple de François Ier ne changea que vers le milieu de son règne. Il ne reste aucun portrait original de lui, et ceux qu'on a placés au-devant de ses histoires, ou dans les galeries, ne rappellent aucun des traits que lui donnent ses contemporains.

FIN.

TABLE.

Chapitre			Pag.
Chapitre	I.	Naissance et éducation de Bayart. — Il entre en qualité de page à la Cour de Savoie. 1473. — 1487.	1.
»	II.	Bayart passe au service du roi de France. — Son premier tournoi. — Il joue un tour de page, à son oncle l'abbé d'Ainai. 1487 — 1491.	12.
»	III.	Bayart va rejoindre sa compagnie en garnison. — Il donne un tournoi aux dames de la ville d'Aire, fait la campagne de Naples et se distingue à la journée de Tornoue. Mort de Charles VIII. 1491 — 1498.	27.
»	IV.	Avènement de Louis XII à la couronne. — Conquête du duché de Milan. — Bayart fait un voyage à Carignan. — Il est fait prisonnier en Italie et renvoyé sans rançon. — Premier duel du bon chevalier. 1498 — 1500.	37.
»	V.	Prise de Ludovic Sforza et seconde conquête de Milan — Générosité et désintéressement de Bayart. — Campagne de Naples, où le bon chevalier commence à se faire connaître des Espagnols. 1500 — 1502.	46.
»	VI.	Bayart, gouverneur de la ville de Minervino, fait prisonnier Alonso de Soto-Mayor, capitaine espagnol. — Différend et duel qui s'ensuit. — Autre combat entre onze Français et onze Espagnols. — Le bon chevalier enlève un trésorier de Gonzalve. 1502 — 1503.	55.
»	VII.	Décadence des affaires françaises dans le royaume de Naples. — Faits d'armes de Bayart à la journée de Cerignola. — Il défend à lui seul un pont contre deux cents Espagnols. 1504.	66.
»	VIII.	Louis d'Ars et Bayart se maintiennent seuls pendant six mois dans le royaume de Naples. — Rebellion de Gênes. — Nouveaux exploits de Bayart. 1504 — 1507.	76.
»	IX.	Ligue de Cambrai. — Bataille d'Agnadel. — Siège de Padoue. — 1508 — 1509.	82.
»	X.	Continuation du siège de Padoue. — Courses et prises du bon chevalier. — Levée du siége. 1509.	91.
»	XI.	Le bon chevalier se tire avec honneur d'une embuscade. — Il en découvre une seconde et prend loyalement sa revanche. 1509.	101.

Chapitre XII.		Le duc de Nemours arrive en Italie et fait grand honneur au bon chevalier. — Horrible aventure de la grotte de Masano. — Guerre de Ferrare. — Bayart fait remporter une victoire signalée au duc de Ferrare. 1510 — 1511.	PAG. 111.
»	XIII.	Prise de Bologne et défaite des troupes du Pape. — Bayart accompagne La Palice en Frioul. L'astrologue de Carpi et aventure du capitaine Jacquin. 1511	121.
»	XIV.	Bayart à la tête des coureurs de l'armée française, défait les troupes vénitiennes. — Il est blessé grièvement à la prise de Brescia. — Grande courtoisie du bon chevalier. 1512.	133.
»	XV.	Escarmouche du bon chevalier avec les Espagnols. — Bataille de Ravenne. — Nemours oublie les conseils de Bayart, et périt victime de son imprudence. — Deuil de l'armée. — Pendaison du capitaine Jacquin. 1512. .	153.
»	XVI.	Les Français évacuent l'Italie. — Bayart est encore dangereusement blessé. — Il se rend à Grenoble. — Sa maladie et sa convalescence. — Guerre de Navarre. — Plaisante altercation entre le bon chevalier et les lansquenets. 1512.	169.
»	XVII.	Présence d'esprit de Bayart à la journée des Éperons. — Jugement rendu par l'empereur Maximilien. — Mort de Louis XII. 1513 — 1515.	180.
»	XVIII.	Avènement de François Ier. — Bayart est nommé lieutenant-général au gouvernement du Dauphiné. — Il franchit les Alpes. — Bataille de Marignan. — François est armé chevalier de la main de Bayart. 1515.	194.
»	XIX.	Visite du bon chevalier au duc de Bourbon. — Il défend la ville de Mézières. — Stratagème de Bayart. — Levée du siége. François Ier donne au bon chevalier le collier de l'ordre de St Michel et une compagnie de cent hommes d'armes. 1516 — 1521. .	209
»	XX.	Le roi envoie Bayart à Gênes. — Il se signale à la bataille de la Bicoque. — Il demeure seul à la défense des frontières. — Sa conduite à Grenoble durant la peste. — Camisade de Robecco. 1521 — 1424. . . .	224.
»	XXI.	Passage de la Sesia. — L'amiral Bonnivet remet à Bayart le commandement de l'armée. — Bayart est blessé à mort. — Ses dernières paroles. 1524.	238.

H. DESSAIN, IMPRIMEUR-LIBRAIRE, RUE TRAPPÉ
Près St. Christophe, à Liége.

HISTOIRE
DE
PIERRE TERRAIL
SEIGNEUR
DE BAYART,
dit le bon chevalier sans peur et sans reproche,

Par G. D.

1 beau volume in 8º avec gravure, prix broché fr 1,20.
élégamment cartonné fr 1,70.
relié en percale plats dorés richement fr 2,10.

Les biographies ont sur l'histoire générale ce double avantage qu'elles intéressent plus vivement le lecteur par la manière dramatique et saisissante dont elles présentent les faits, et qu'elles l'initient davantage à la connaissance des hommes et des choses. Cet attrait particulier aux *vies des grands hommes* les fait surtout rechercher et lire par la jeunesse, dont l'esprit ne peut guère s'accommoder d'abstractions et de généralités. Douée d'une intelligence neuve encore et peu exercée, d'une imagination amie de la couleur locale, d'une mémoire impressionnable et avide des détails, elle ne peut s'intéresser à la lecture d'un livre où l'histoire lui apparaît sous la forme aride d'un abrégé, d'un sommaire, d'un résumé sans mouvement et sans vie. D'autre part les biographies offrent un caractère plus saillant de vérité individuelle et en quelque sorte personnelle, et font mieux ressortir ces détails intimes que l'histoire générale doit négliger, faute d'espace, mais qui n'en sont pas moins indispensables pour la connaissance approfondie des hommes, de leur caractère, de leurs passions, de l'influence bonne ou mauvaise qu'ils ont exercée au sein de la société. C'est des biographies surtout qu'on peut dire qu'elles *instruisent en amusant*, et remplissent ainsi la double condition qu'exige de toute œuvre littéraire le poète latin :

Omne tulit punctum qui miscuit utile dulci.

De là l'estime et la juste popularité qui ont entouré de tout temps les *Vies des grands capitaines de l'antiquité*, de Cornelius Nepos, et surtout les *Vies des hommes illustres* de Plutarque. De là encore le charme puissant que les âmes pieuses savent trouver dans la Vie de Jésus-Christ, de la sainte Vierge et des Saints, dont les miracles et les vertus ont illustré l'histoire de l'Eglise.

Il suit de là que les biographies des grands hommes qui se sont acquis, par une noble et glorieuse vie des titres durables à la reconnaisance et à l'admiration de la postérité, doivent être mises au rang des bons livres, destinés à former l'esprit et le cœur de la jeunesse studieuse.

C'est cette considération, dont personne, croyons-nous, ne contestera la justesse, qui nous a déterminé à publier la *Vie du chevalier Bayart*. L'intérêt de cette vie si attachante par elle même, si riche de détails, si digne en un mot d'être écrite par un Plutarque chrétien, s'accroît encore de toute l'importance que l'histoire accorde aux règnes de Charles VIII, de Louis XII, et surtout de François Ier.

Mais il n'est nul besoin de recommander longuement une biographie dont le héros est Bayart, c'est-à-dire *le chevalier sans peur et sans reproche*, qui eut le rare courage de conformer tous les actes de sa vie à cette maxime devenue célèbre : « *Fais ce que dois, advienne que pourra* » maxime qui, pour le dire en passant, résume admirablement la philosophie pratique du christianisme.

Dans le travail que nous livrons aujourd'hui à l'impression, nous avons pris constamment pour guide *l'Histoire du chevalier Bayart* par Mr de Terrebasse. Ce livre est le meilleur, le plus intéressant et le plus complet de tous ceux qui ont paru pour honorer la mémoire de l'immortel chevalier. Notre but, en abrégeant cet excellent ouvrage, a été de le mettre à la portée de la jeunesse chrétienne de nos écoles, de le populariser en Belgique, et de contribuer quelque peu au bien qu'il est destiné à faire aux jeunes amis des bonnes lettres.

Liége, imp. de H. Dessain.

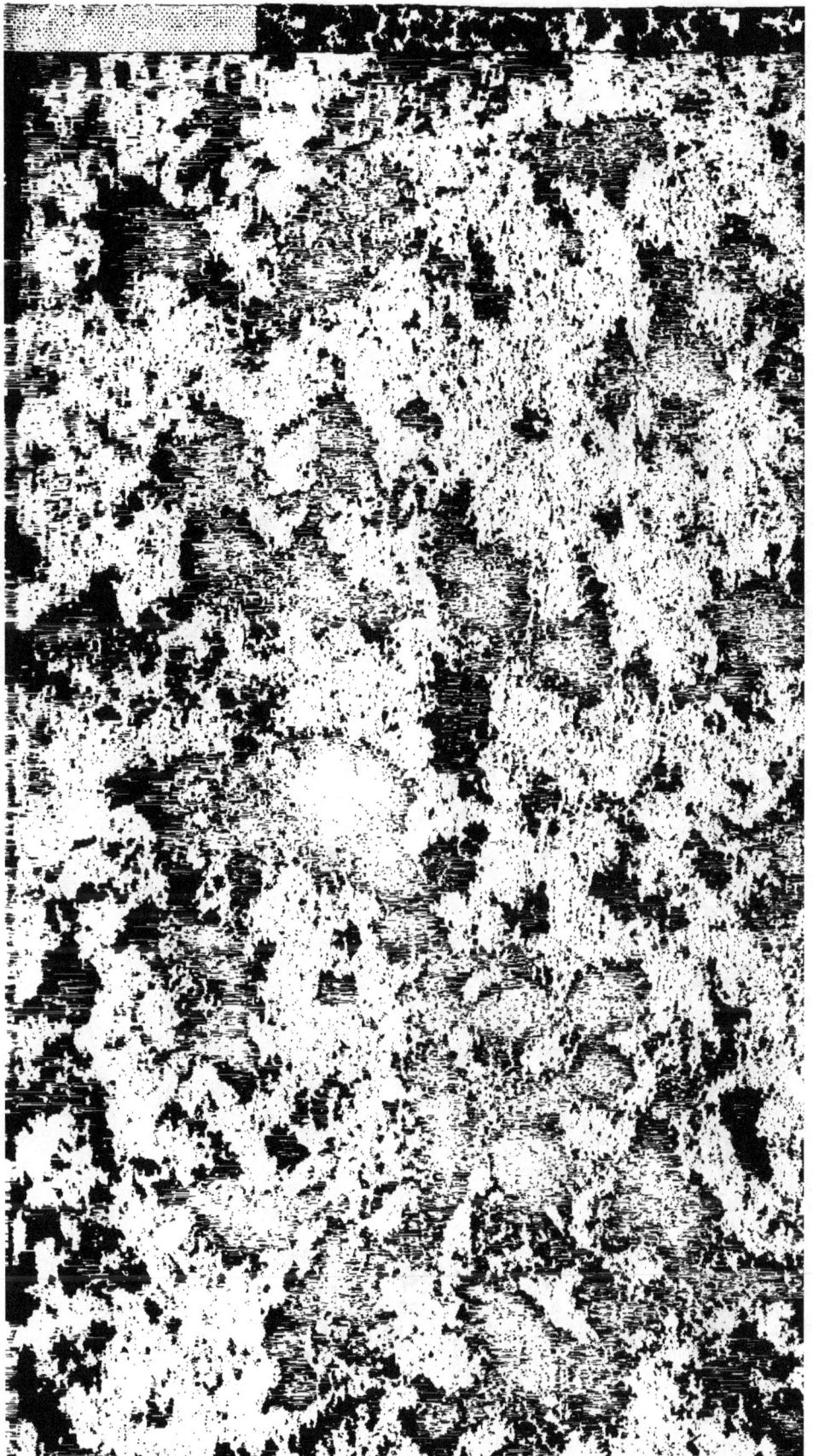

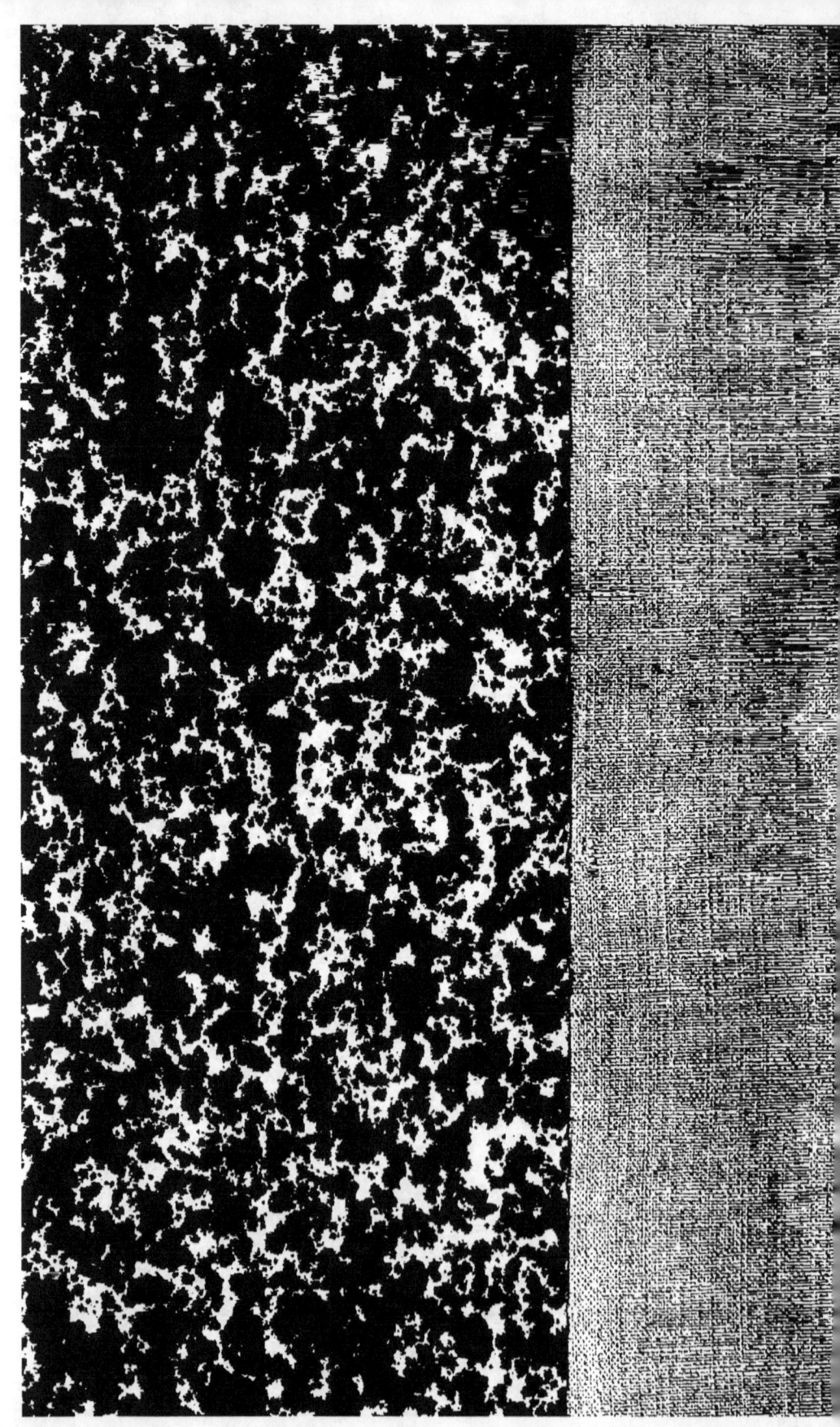

www.ingramcontent.com/pod-product-compliance
Lightning Source LLC
Chambersburg PA
CBHW050650170426
43200CB00008B/1239